INTRODUÇÃO AO ESTUDO DA CRIMINOLOGIA

Felipe Heringer Roxo da Motta

Rua Clara Vendramin, 58 . Mossunguê . Cep 81200-170 . Curitiba . PR . Brasil
Fone: (41) 2106-4170 . www.intersaberes.com . editora@intersaberes.com

Conselho editorial Dr. Ivo José Both (presidente), Dr. Alexandre Coutinho Pagliarini, Drª Elena Godoy, Dr. Neri dos Santos, Dr. Ulf Gregor Baranow ▪ **Editora-chefe** Lindsay Azambuja ▪ **Gerente editorial** Ariadne Nunes Wenger ▪ **Assistente editorial** Daniela Viroli Pereira Pinto ▪ **Preparação de originais** Ghazal Edições e Revisões ▪ **Edição de texto** Letra & Língua Ltda. – ME, Larissa Carolina de Andrade ▪ **Capa** Luana Machado Amaro ▪ **Projeto gráfico** Mayra Yoshizawa ▪ **Diagramação** Débora Gipiela ▪ **Equipe de design** Débora Gipiela ▪ **Iconografia** Regina Claudia Cruz Prestes

Dados Internacionais de Catalogação na Publicação (CIP)
(Câmara Brasileira do Livro, SP, Brasil)

Motta, Felipe Heringer Roxo da
  Introdução ao estudo da criminologia/Felipe Heringer Roxo da Motta. Curitiba: InterSaberes, 2021. (Série Estudos Jurídicos: Direito Criminal)

  Bibliografia.
  ISBN 978-65-89818-99-1

  1. Crimes e criminosos 2. Criminologia I. Título. II. Série.

21-68661   CDU-343.9

Índices para catálogo sistemático:
1. Criminologia: Direito   343.9

Cibele Maria Dias - Bibliotecária - CRB-8/9427

1ª edição, 2021.

Foi feito o depósito legal.

Informamos que é de inteira responsabilidade do autor a emissão de conceitos.

Nenhuma parte desta publicação poderá ser reproduzida por qualquer meio ou forma sem a prévia autorização da Editora InterSaberes.

A violação dos direitos autorais é crime estabelecido na Lei n. 9.610/1998 e punido pelo art. 184 do Código Penal.

Sumário

7 ▪ Apresentação

Capítulo 1
15 ▪ **Positivismo criminológico: nascimento da criminologia científica**
17 | Direito penal clássico e o desafio de limitar o poder do Estado
29 | Positivismo criminológico: o indivíduo delinquente no centro das atenções
43 | Difusão do positivismo criminológico no Brasil
54 | Algumas características unificadoras do positivismo criminológico

Capítulo 2
67 ▪ **Uma revolução paradigmática em criminologia: o modelo da reação social**
69 | Reação social como objeto da criminologia
93 | Algumas categorias fundamentais da criminologia da reação social

Capítulo 3
129 ▪ **Pena privativa de liberdade: o modelo penitenciário**
130 | Origens históricas da pena
157 | Instituições totais e disciplina: técnicas para o adestramento do corpo e da mente
183 | Cárcere e fábrica: produzir ou punir?

Capítulo 4
197 ▪ **Perda de legitimidade do sistema penal e respostas à deslegitimação**
198 | Funções do sistema de justiça criminal
227 | Deslegitimação do sistema penal
234 | Superação do sistema penal
250 | Relegitimação do sistema penal

271 ▪ *Considerações finais*
281 ▪ *Referências*
297 ▪ *Sobre o autor*

Apresentação

Como sabemos, há muitos conhecimentos especializados que demandam estudos prévios intensos, profissionalizados e essencialmente proibitivos à participação de círculos externos, de forma que pessoas "de fora" (não profissionais da área) não se sentem autorizadas a opinar, pois são conscientes de seu desconhecimento. Isso vale também para áreas relacionadas ao sistema penal, quando apresentamos questionamentos do tipo: "Qual é sua opinião sobre a modificação no procedimento do Tribunal do Júri que retirou a apresentação acusatória na segunda fase na forma de libelo acusatório e, consequentemente, aboliu a contrariedade ao libelo?", a reação do interlocutor provavelmente será de surpresa, pois o tema é tão técnico e tão alheio às pautas públicas abertas que, salvo para profissionais da atividade forense criminal, não haveria sequer um suporte para um ponto de partida. E veja que se trata de uma pergunta sobre Tribunal do Júri, competente para julgar os crimes dolosos contra a vida e em que praticamente qualquer pessoa pode figurar na qualidade de jurado. Não é exatamente algo irrelevante ou de acesso proibido para pessoas sem formação acadêmica no direito.

Por outro lado, imagine se fizermos questionamentos como: "Qual é sua posição a respeito da redução da maioridade penal?"; "Você acredita que seria bom implementar no Brasil a pena de morte ou a prisão perpétua?". A reação da pessoa leiga seria, provavelmente, muito diferente. Poderia manifestar uma posição favorável ou desfavorável, mas o que importa é: mesmo sem um estudo sobre o tema, teria uma opinião ou se sentiria na condição de prescrever, sugerir ou decidir sobre políticas públicas em torno da questão.

As pautas públicas sobre o sistema punitivo e a segurança pública permeiam os mais diversos âmbitos da nossa sociedade: estão no jornalismo, nas redes sociais, nas conversas com familiares e amigos etc., sendo bastante difícil conseguirmos escapar de alguma temática sobre crime, pena, segurança, entre outros. Não importa se os dados são ou não verdadeiros; a sensação de segurança ou insegurança e a punição ou a ausência dela (impunidade) condicionam comportamentos e reações das pessoas em geral e dos integrantes das agências de controle. Nesse cenário, surge um duplo desafio. Em primeiro lugar, em razão do impacto que os temas criminológicos têm sobre o cotidiano, essa ciência não pode cair em uma arrogância elitista; como se apenas alguns "iluminados" tivessem autorização para refletir e propor mudanças. Portanto, é necessário que o conhecimento da criminologia seja democratizado, permitindo um diálogo entre os espaços dentro e fora da academia (preferencialmente com a superação dessa divisão moderna dos espaços de produção do saber). De outro lado, esse diálogo não pode significar a busca por respostas simples, porque a temática é complexa e a supersimplificação se torna bastante perigosa: é politicamente palatável para a formação de "chavões" e palavras de ordem, bem como encobre a ineficiência das respostas e reforça as assimetrias sociais. A democratização da criminologia depende da difusão de um saber capaz de tornar visível o socialmente invisível; trazer às claras as relações sociais de dominação; e não servir de um instrumental simbólico para a legitimação dessa mesma estrutura que produz a desigualdade.

Sobre esse ponto, já podemos adiantar que nós, os criminólogos, estamos fazendo um péssimo trabalho. De modo geral, as pessoas não sabem sequer que há uma ciência que se ocupa das questões ligadas à reação social; que há um saber bastante profundo, dedicado a pensar as estruturas de controle social e seus impactos sobre as relações sociais. As pessoas não sabem o que estuda a criminologia e, em consequência disso, acabam achando que essa ciência ainda é exclusivamente uma caricatura do positivismo criminológico ou que se ocupa de temas da medicina legal.

Para piorar, o debate público sobre segurança pública é essencialmente colonizado pelo senso comum punitivo. A presença massiva dessas discussões somada à realidade de seus efeitos sobre a reação social faz com que as pessoas formem o que chamamos de *senso comum punitivo*, que podemos definir como as percepções gerais (não raro fantasiosas) em torno do funcionamento do sistema penal, sobre como agem as polícias, o Ministério Público e o Poder Judiciário; sobre como funcionam as prisões e a capacidade de toda essa estrutura cumprir as tarefas prometidas de combate à delinquência. Essa última figura forma a contraparte do sistema penal, e o imaginário comum também cria narrativas sobre o termo *criminalidade* como algo que abarca todas as condutas definidas como crime, e o termo *criminoso*, nessa forma universal, naturalizada, que serve para explicar a multiplicidade de existências em um único tipo ideal.

As infindáveis histórias que alimentam esse senso comum sustentam uma espécie de caricatura do sistema penal em nossas vidas e nos conferem segurança para falar e opinar sobre esse mosaico, composto por vários fragmentos de narrativas – entre realidade e ficção. E essa presença geral do senso comum punitivo confere à criminologia uma característica peculiar. A Criminologia acadêmica, por sua vez, pouco dialoga com os espaços externos aos muros das universidades.

A linha geral adotada nesta obra é o que se convencionou chamar de *criminologia crítica* – algumas das categorias fundamentais são desenvolvidas com mais profundidade ao longo deste livro. No entanto, com o objetivo de situar o ponto de partida do discurso, nosso objeto de estudo é a reação social como reflexo de uma estrutura social histórica e que ganha, na modernidade, a forma e a função que hoje ainda sobrevivem. Em outras palavras, a preocupação é entender como as relações sociais produzem regras daquilo que é reprovado ou desvalorado (desvio). Ainda no foco estão as formas sociais de aplicação dessas regras (como a punição é distribuída socialmente pelas agências responsáveis pela seleção criminalizante).

De acordo com essa vertente crítica, a escolha de condutas que recebem o rótulo de *crime* e de pessoas que recebem a etiqueta de *criminoso* não acontece socialmente de forma neutra, uma vez que existe uma concentração em alguns crimes e em alguns criminosos, criando uma desigualdade que é nada menos que um espelho da própria desigualdade social. Não é a ideia do senso comum dizer que "pobre comete mais crimes, porque é pobre"; trata-se apenas do fato de que o pobre é punido com mais frequência porque é pobre; pobres não cometem mais ou menos crimes do que os ricos, é a distribuição social da punição que é o inverso da distribuição social da riqueza. Nesse sentido, enquanto o sistema penal está ocupado punindo hordas de pessoas socialmente vulneráveis, está ajudando a imunizar e tirar o foco de grupos privilegiados.

A premissa da criminologia crítica é entender o fenômeno do controle social como um espelho da estrutura social, o que significa que o controle penal não é uma etapa isolada dos demais campos de relações sociais, uma vez que os policiais, os promotores, os juízes e os advogados não são isolados da sociedade em que habitam. Isso quer dizer que o controle penal é apenas mais uma dimensão, entre tantas outras, do controle social, tanto quanto a família, a escola, o trabalho etc. Então, todas as desigualdades e preconceitos sociais produzidos e reproduzidos nesses demais espaços são também criados e perpetuados pela atuação do sistema penal.

Desse modo, podemos afirmar que as relações de controle da criminalidade são muito mais complexas do que uma luta simples do "bem" contra o "mal". Essa narrativa dicotomizada de sociedade é infantil e ignora ambiguidades e nuanças morais. Da mesma forma que a pessoa selecionada e punida por um crime não é a incorporação do "mal", o "cidadão de bem" é qualquer coisa, menos a manifestação pura do bem.

Diante desse contexto, para que possamos entender o funcionamento do sistema penal, vamos precisar primeiro desconstruir essas ideias mais simples do senso comum punitivo. Por isso, nosso ponto de partida vai visitar a origem dessas noções que ainda habitam nosso imaginário sobre a questão criminal. Vamos compreender de onde surgem as representações do crime e da criminalidade dessa narrativa infantil, que simplifica a atividade do sistema penal, como o "mocinho" que vem para nos salvar dos "bandidos". A primeira etapa da nossa jornada criminológica começa, então, com o positivismo criminológico. No Capítulo 1, evidenciamos a forma científica original da criminologia. Como se trata de perspectiva teórica que nasce crítica quanto à maneira anterior de pensar a questão criminal, precisamos entender ao que o positivismo criminológico se opõe. Assim, é possível uma compreensão mais adequada da vertente de pensamento e de sua recepção entre pensadores brasileiros.

No Capítulo 2, nosso olhar se volta para a transformação paradigmática ocorrida em criminologia na segunda metade do século XX. Os autores perceberam que o foco no indivíduo criminalizado esconde o fator preponderante para a constituição do crime e do criminoso: um processo social de definição de regras e sua aplicação. Internamente a essas modificações, transforma-se o próprio objeto da criminologia, o que deu margem para a criação de várias ferramentas teóricas que ajudam a entender o funcionamento do sistema de justiça criminal.

Os estudos do Capítulo 3 são direcionados para o principal meio de reação penal ao desvio: a pena privativa de liberdade. Embora essa prática social já esteja bastante enraizada em nosso imaginário, ela é recente do ponto de vista histórico. A forma moderna de privação da liberdade foi criada como resposta a um problema social específico, quando o capitalismo amadurecia do modo mercantilista ao modelo industrial. Desde então, o modelo punitivo foi mantido, em sua essência, inalterado e veio a se tornar duplamente redundante: quanto às funções das outras instituições disciplinares e quanto ao elevado volume do exército de reserva no capitalismo periférico.

Por último, no Capítulo 4, analisamos as tendências atuais em política criminal. Elas são apresentadas em resposta ao processo de deslegitimação do sistema penal, produzido a partir dos estudos criminológicos críticos. Com isso, os desafios atuais relacionados a pensar a questão criminal e as matérias em segurança pública passam por saber o que fazer em torno do sistema de reação e controle sociais. Apesar de haver diversas linhas e propostas distintas pensadas pelos criminólogos, há um caminho que tem sido adotado com mais força nas estruturas jurídicas ocidentais.

Capítulo 1

Positivismo criminológico: nascimento da criminologia científica

Neste capítulo, abordaremos o positivismo criminológico, que é a principal forma usada para pensar a questão criminal, analisando suas principais características. No entanto, para explicar o que é o positivismo criminológico, precisamos, antes, esclarecer que essa forma de pensamento surgiu em oposição e crítica ao direito penal clássico (iluminista).

Em razão disso, iniciaremos nosso estudo pelo direito penal clássico, por considerar que, para compreender o positivismo, devemos entender ao que os pensadores dessa vertente se opunham. Não se trata, portanto, de uma "introdução histórica", pois nossa intenção não é linearizar a história como se fosse uma sequência lógica de eventos ou como se o conjunto de todos os fatos pudesse terminar exclusivamente com a realidade que temos hoje. Pelo contrário, consideramos que esse tipo de linearização serviria apenas como justificativa ideológica do presente, prestando um desserviço à historiografia (Fonseca, 2002).

Nesse sentido, pensamos que a exposição inicial de alguns traços do direito penal clássico nos permitirá compreender a formação da criminologia como ciência positiva de forma mais aprofundada, bem como nos ajudará a entender os motivos pelos quais esse modelo ainda permanece tão vivo no nosso imaginário. Por isso, primeiramente, cabe definir os traços principais do que chamamos de *direito penal clássico*.

— 1.1 —
Direito penal clássico e o desafio de limitar o poder do Estado

Entre os estudiosos da área do direito penal, é comum que, ao analisar os aspectos históricos dessa ciência jurídica, exista alguma relação entre o direito penal e os termos *clássico, reformador* e *iluminista*. Nos sentidos utilizados no direito, as três expressões são sinônimas e representam o período do pensamento jurídico penal ao longo do século XVIII e início do século XIX.

É comum que os estudiosos, como Luiz Regis Prado (2017), tentem sistematizar os principais traços desse pensamento:

- o direito penal tem fundamento natural;
- o crime é um ente jurídico;
- a responsabilidade penal deriva do livre arbítrio;
- a pena deve ter uma utilidade retributiva e um fundamento racional;
- a ciência penal seguiria um método racional (normalmente dedutivo, pela influência da filosofia francesa da época);
- o crime, a pena e o processo são objeto de estudos do direito penal.

Essa sistematização, embora não esteja incorreta, deixa de fora o principal elemento comum aos pensadores iluministas porque, ainda que todos tenham suas peculiaridades, estão inseridos em uma conjuntura de pensamento que desenvolve, nas mais variadas áreas, um enorme esforço para pensar a **relação entre o Estado e o cidadão**.

Devemos ter em mente que o direito penal clássico é um desdobramento e uma continuidade da teoria política dominante de sua época. Nessa linha de pensamento, para entender os termos *crime*, *pena* e *processo*, antes é necessário responder a perguntas como:

- O Estado pode punir o cidadão?
- Por que o cidadão deve submeter-se à punição do Estado?
- Quais são os limites e os requisitos para poder aplicar uma punição?

Essa lógica produziu infindáveis discursos, com regras e procedimentos que permitem ou não ultrapassar certos direitos inerentes ao indivíduo. Para essas questões, cada pensador da teoria política fez contribuições específicas, e as conclusões, inclusive, podem ter alcançado resultados opostos. Por exemplo, Hobbes (1839), argumentou em prol da legitimidade do monarca absoluto, mas Locke (1823) sustentou que o poder absoluto não faz sentido se não existirem limites que justifiquem a contrapartida do indivíduo, uma vez que este aceita abrir mão de parte das vantagens que tem no estado de natureza.

É viável seguir por um caminho mais descritivo, como o fez Montesquieu (1996), e reconhecer que a legitimidade de um governo não depende do número de governantes; é possível legitimidade na monarquia e corrupção na república. Do mesmo modo, pode existir uma leitura mais normativa, preocupada em prescrever aquilo que "deve-ser" para atingir uma organização social legítima e capaz de proporcionar a felicidade de seus indivíduos, a exemplo do pensamento de Rousseau (1996).

Apesar de todas as diferenças nesse estabelecimento da relação entre Estado e cidadão, existem fundamentos compartilhados entre muitos teóricos, pois, como as leis humanas não previam expressamente limites de atuação para o monarca ou, quando previam, esses limites poderiam facilmente ser extintos com a criação de novas normas, o indivíduo precisaria de algum tipo de garantia de que não estaria à mercê do arbítrio do governante. Então, um dos argumentos teóricos que mais ganhou força na época estava pautado na ideia de que há direitos individuais que já existem antes mesmo de qualquer sociedade ser fundada: aqueles que os indivíduos possuem em razão da condição de seres humanos; em virtude de sua própria natureza. Como são direitos anteriores à sociedade e que não dependem de qualquer reconhecimento de um rei ou uma lei escrita, são direitos naturais do ser humano.

Por isso, não importa quem esteja no poder (se é um rei, um presidente, um parlamento), todos os governos têm limites que não podem ser ultrapassados. Se o governo se tornar despótico ou autoritário e quiser ultrapassar essas barreiras, a organização social perde sua razão de ser. Se o indivíduo não tem qualquer vantagem em se organizar em sociedade, pode considerar melhor permanecer fora dela e usufruir de suas condições inerentes à sua natureza – liberdade, igualdade, independência e propriedade, como na leitura específica de Locke (1823).

Preste atenção!

Poderíamos nos perguntar se o direito natural seria como as cláusulas pétreas da Constituição em seu art. 60, a saber:

> Não será objeto de deliberação a proposta de emenda tendente a abolir: I – a forma federativa de Estado; II – o voto direto, secreto, universal e periódico; III – a separação dos Poderes; IV – os direitos e garantias individuais. (Brasil, 1988)

De forma simplificada, o fundamento é diferente, mas a função é a mesma. Uma das críticas que foram formuladas às leituras jusnaturalistas da sociedade diz respeito à sua base metafísica ou puramente especulativa. Se pedissem a Locke ou a Rousseau para apontar "onde" está o direito natural, eles não conseguiriam. A "prova" da existência do direito natural é apenas uma quantidade interminável de argumentos; livros e mais livros sobre o assunto. No extremo, só há direito natural para aqueles que compartilham de uma mesma base teórica e, mesmo assim, os autores não conseguem chegar a um acordo sobre quais são os direitos naturais.

Portanto, a existência do direito natural depende de as pessoas acreditarem que algo é ou não um direito natural. Se depende de uma crença, termina sendo retórica e ato de fé, o que é extremamente perigoso, uma vez que nada impede que um governante que "acredita" no direito natural seja substituído por outro que não "acredita" no argumento. Nesse caso, o indivíduo fica desamparado e não tem um instrumento para se defender. É por isso que o pensamento jurídico depende tanto do texto escrito, afinal esse é um elemento objetivo, "invariável", de modo que, mesmo que mudem os governantes, a norma escrita permanece igual.

Para saber mais

A filosofia jurídica do século XX não deixou sobrar sequer a lei escrita. Apesar de a modernidade jurídica ter se apoiado (e se apoiar) demais no texto escrito como representação de uma ideia objetiva, já bem se sabe que interpretar é **construir significado**. O intérprete da lei (seja quem for) não **extrai o sentido** da norma, como quem retira um objeto de uma caixa. A linguagem não é uma ferramenta neutra de acesso a significados que estão aí; a linguagem é **produtora** de significados. O conhecimento, o mundo, o sujeito, a ação e o sentido, tudo isso é produzido pela linguagem. A densidade filosófica do giro linguístico e seus impactos na teoria do direito escapam do escopo deste texto. Para uma visão mais aprofundada sobre o tema, recomendamos a leitura da obra:

STRECK, L. L. **Hermenêutica jurídica e(m) crise**: uma exploração hermenêutica da construção do direito. 6. ed. Porto Alegre: Livraria do Advogado, 2005.

Como sabemos, o final do século XVIII foi bastante efervescente nos Estados Unidos, em decorrência da Guerra de Independência, e também na França, por conta da Revolução Francesa. Esses dois movimentos revolucionários foram influenciados pela mesma conjuntura de ações e ideias, e as transformações no discurso foram simbolizadas de modo bastante interessante por Sieyès (2001), que lançou as sementes da moderna teoria constitucional. O autor ainda fez uso das figuras teóricas de seu tempo, como os direitos naturais, mas ultrapassou a analogia do contrato para justificar a união social.

De acordo com o autor, a organização social constitui-se a partir de uma assembleia popular (do povo) que exerce um poder – por isso, o nome *poder constituinte*: aquele que cria a forma de uma sociedade. Nessa fase constituinte, o poder popular é ilimitado, como se qualquer coisa pudesse ser constituída, inclusive uma ditadura da maioria, se assim fosse desejado (Sieyès, 2001). Consolidada essa vontade constituinte na forma de uma Constituição, os governantes seriam representantes desse ato original de poder. Portanto, não importa quem governe ou a forma de governo (se monarquia, aristocracia ou república), o poder será sempre limitado pela Constituição (Sieyès, 2001).

Note que não se trata apenas de um discurso ou de uma ideia sobre a estrutura social de poder, mas sobre a necessidade de consolidar essas bases na forma de um documento escrito, uma Constituição. De acordo com Bonavides (2006, p. 36), esta "Consubstanciava-se numa ideia fundamental: a limitação da autoridade governativa. Tal limitação se lograria tecnicamente mediante a separação de poderes (as funções legislativas, executivas e judiciárias atribuídas a órgãos distintos) e a declaração de direitos".

Por isso apontamos anteriormente que, em nossa Constituição, as cláusulas pétreas são diferentes do jusnaturalismo, pois, uma vez que a previsão está escrita no texto constitucional, não é necessário "acreditar" no discurso ou no pensamento teórico das cláusulas pétreas. Contudo, a função é a mesma: a Constituição e a lei são limites à atuação dos governantes, e as cláusulas pétreas são o último limite. Nenhum senador ou deputado federal pode propor uma emenda para abolir esses dispositivos; o único modo de alterá-los seria com a refundação de uma nova estrutura constitucional para o Estado brasileiro.

Seja no direito natural, seja no constitucionalismo do início do século XIX, a conclusão é a mesma: o Estado não tem poderes ilimitados contra o cidadão; o indivíduo pode opor esses limites ao próprio Estado. Se o Estado atropelar esses limites, torna-se ilegítimo, e o sujeito não tem mais motivo para continuar se submetendo às regras sociais.

Esse pensamento, que perdurou por dois séculos (segunda metade do século XVII à primeira metade do século XIX), provocou profunda influência sobre o direito penal. Pensando analiticamente, vamos imaginar que, se a questão de limitar o poder do Estado já era importante em matéria tributária, no direito civil (propriedade e contratos), nas liberdades políticas, quando o tema é a punição direta sobre o corpo (pena), há uma atenção muito grande voltada sobre a questão criminal e os limites da atuação punitiva.

Dois pensadores italianos, membros do mesmo círculo teórico, publicaram, em intervalo muito próximo, obras que são muito representativas dessa influência sobre o direito penal, a saber: Verri (2000) e Beccaria (2017). O último é, sem dúvida, o mais conhecido nos círculos acadêmicos do direito, mas ambos são expressão de uma mesma transformação cultural.

É desse contexto que derivam ideias críticas contra o emprego da tortura como meio de prova, o uso da pena pública como espetáculo, a obscuridade das normas, acusações secretas ou com base em notícias anônimas.

Para os autores, o uso da tortura com o objetivo de obter a confissão do acusado é uma figura plenamente irracional. Uma pessoa torturada nada mais é do que o objeto do torturador, que empurra sua narrativa sobre a "verdade" ao torturado. O torturador cria uma fantasia sobre a informação que deseja descobrir e prossegue nos tormentos até ouvir aquilo que espera. O torturado, por sua vez, nada mais faz além de ceder instintivamente a essa fantasia e fala qualquer coisa com o objetivo de fazer cessar a violência (Verri, 2000). O grande risco desse instrumento é que o inocente aceite uma culpa que não tem, apenas para interromper o sofrimento; ou que o culpado (porém, resiliente às tormentas) resista à dor e consiga escapar da responsabilidade (Beccaria, 2017).

A tortura seria apenas o caminho anterior para a construção processual da verdade. É um ponto em uma sequência muito mais ampla e que finaliza com a punição. A prática penal europeia no século XVII e em boa parte do XVIII entendia o direito de punir como uma extensão direta do poder soberano. Os crimes mais graves eram como uma afronta direta ao governante, e a resposta ao delito deveria cumprir o papel de mostrar para a coletividade (e não para o criminoso) que o soberano ainda é o mais forte. Por isso, as penas mais severas deveriam ser executadas em público, como um ritual ilimitado de sofrimento e destinado a simbolizar a extensão desse poder (Foucault, 2003).

Então, quando os pensadores estavam dedicados a demonstrar como um poder ilimitado é irracional e ilegítimo, essa mentalidade passou a ser profundamente criticada. Esses pensadores argumentavam que, se os súditos não têm, do ponto de vista lógico, nenhuma razão para se submeter a uma ordem que é pura desvantagem, uma punição que deve expressar o caráter ilimitado do poder soberano vai se tornando cada vez mais impopular. A forma de solucionar esse impasse envolveu repensar a lógica da punição: passou-se a considerar que ela não deve ser um espetáculo de poder para a sociedade, mas deve ser **útil** à prevenção de novos crimes (Beccaria, 2017).

A palavra-chave dessa transição de pensamento é *utilidade*, uma vez que essa mudança de finalidade declarada da punição buscou limitar, racionalizar e legitimar a pena. No entanto, é importante deixar claro que essa alteração não significa uma demonstração de piedade para com o criminoso. Autores como

Beccaria (2017) afirmavam expressamente que uma pena privativa de liberdade poderia ser mais severa do que a pena de morte.

> Não é o terrível mas passageiro espectáculo da morte de um criminoso, mas o longo e penoso exemplo de um homem privado de liberdade que, tornado animal de carga, recompensa com as suas fadigas a sociedade que ofendeu, que é o freio mais forte contra os delitos. Aquele retorno a nós próprios, eficaz, porque tantas vezes repetido: *eu próprio serei reduzido a uma tão longa e mísera condição se cometer semelhantes crimes* é bem mais poderoso do que a ideia da morte, que os homens veem sempre a uma distância obscura. (Beccaria, 2017, p. 119-120, grifo do original)

A preocupação dos autores da época não estava pautada no fato de considerar se a pena é ou não severa, mas sim em pensar a adequação dessas práticas políticas e jurídicas à tendência cultural que se formava. Tal humanismo deve ser entendido como uma celebração do indivíduo racional moderno e seu potencial para transformar e controlar a realidade (Santos, 2002). É uma preocupação com um indivíduo abstrato, detentor de qualidades pela própria natureza (direitos naturais) e que devem ser protegidas contra os excessos do poder estatal.

Nesse contexto, os pensadores formularam ideias que servem de base para práticas ainda muito atuais. Por exemplo, a crítica à tortura teve como base o risco de punição de quem não praticou um crime, uma vez que, durante a investigação e o processo, a prática do crime é incerta e, para evitar fazer o mal a um inocente, todos os acusados devem ser assim presumidos (Verri, 2000). De acordo com Beccaria (2017), para que as punições sejam aplicadas de forma útil e justa, é necessário que as normas sejam claras, fáceis de compreender, e que as pessoas tenham condições de saber exatamente o limite daquilo que podem ou não fazer. Além disso, no que se refere especificamente à pena, o autor diz que, para que ela seja realmente útil, é necessário igualmente delimitá-la, e que sua medida seja conhecida de antemão, para que os indivíduos saibam o quão errada é a conduta criminosa – o que implica limitar e racionalizar o poder de punir.

Há, então, três fundamentos básicos:

1. Presunção de inocência
2. Princípio da legalidade
3. Racionalidade e utilidade da pena

Esses três princípios podem manifestar-se de vários modos, mas sua função tem um fio condutor comum. Ao longo desses 200 anos, muitos esforços intelectuais foram destinados a limitar e, consequentemente, a legitimar o poder estatal. É por isso que atentar aos pequenos detalhes dogmáticos do direito penal clássico deixa passar essa dimensão que unifica toda uma tendência.

Há uma visível unidade ideológica na Escola Clássica. Trata-se do seu inequívoco significado político liberal e humanitário, pois a problemática comum e central que preside aos seus momentos fundacionais e atravessa o seu desenvolvimento é a problemática dos limites – e justificativa – do poder de punir face à liberdade individual. (Andrade, 2003a, p. 47)

> O ponto principal dos teóricos iluministas (dentro e fora do direito penal) estava em pensar uma relação entre indivíduo (sujeito, cidadão, súdito) e Estado, tendo em mente que essa relação é reconhecidamente assimétrica, porque o Estado tem muito mais poder do que o sujeito isolado. Contudo, apesar dessa desigualdade, era necessário assegurar limites (racionais) para o exercício de poder, pois a arbitrariedade deslegitimaria o próprio Estado. Afinal, se ele não serve para a proteção contra outros indivíduos e contra os excessos do próprio governante, não existe qualquer razão para que a pessoa se submeta à ordem; pode tomar o controle de si pela força e impera a "lei do mais forte".

Independentemente do instrumento teórico usado (se direitos naturais, uma constituição escrita ou outro elemento normativo), a finalidade é sempre a mesma: criar limites racionais e bem delimitados para o exercício de poder. No direito penal clássico, isso vai se configurar em princípios limitadores para a persecução, a aplicação e a execução da pena. Somente condutas previstas em lei e após um processo rodeado de garantias permitiriam que alguém fosse punido. Essa punição, por sua vez, deveria ser também racional e útil.

— 1.2 —
Positivismo criminológico: o indivíduo delinquente no centro das atenções

Como já mencionamos, um dos principais problemas do pensamento puramente especulativo dos iluministas era que, no extremo do argumento, residia um ato de fé. Significa que o argumento fica sem demonstração empírica (não pode ser provado, verificado) e os indivíduos precisam acreditar nas mesmas premissas que os autores utilizam. O principal problema dessa postura é uma falta de objetividade, porque o único fundamento que "prova" o argumento é o próprio sujeito que expressa esse argumento (Demo, 1995).

Por essa razão, pensadores ingleses (como Francis Bacon, John Locke, John Stuart Mill e David Hume) já estavam criticando o pensamento iluminista francês e alemão ao longo dos mesmos séculos XVII e XVIII. De forma muito simplificada, a ideia era tomar os *fatos* como ponto de partida para o pensamento, e não o inverso. Para os autores empiristas, os fatos são objetivos porque são externos e independentes do sujeito que os observa e, desse modo, a realidade dos fatos não depende da pessoa que pensa, de suas ideologias ou tendências políticas. Logo, o ato de observação é considerado por esses autores o caminho mais fundamental para o conhecimento em sua forma mais pura. Por isso eles passaram, então, a definir uma enorme quantidade de regras e critérios para permitir a produção desse conhecimento objetivo, inclusive a ideia de *intersubjetividade* como ferramenta para corrigir os erros do observador individual. Daí a importância de que um experimento científico possa ser repetido por outros pesquisadores e, com isso, verificado (Demo, 1995).

Essas provocações encontraram algum eco no pensamento continental europeu, mas foi apenas na primeira metade do século XIX que uma profunda tendência começou a ser propagada, especialmente na França. Comte (1973) sintetizou tal orientação naquilo que denominou *filosofia positiva*. Essa forma de pensar se posicionava em oposição ao modelo iluminista, a tal ponto que Comte propôs que a história se desenvolvia sempre em três estágios: teológico, metafísico, positivo.

Esses três momentos tentavam resumir os últimos séculos do pensamento europeu de até então. O momento teológico corresponde à fase do Antigo Regime (poder de Estado ilimitado por ser derivado do próprio poder de Deus); a fase metafísica é o período especulativo dos iluministas, buscando a limitação e a racionalização do poder político; o último momento, positivo ou científico, refere-se à forma de pensar fundada nos fatos (Anitua, 2005).

De acordo Comte (1973, p. 10), esse momento positivo pod ser sumariado da seguinte forma:

> o espírito humano, reconhecendo a impossibilidade de obter noções absolutas, renuncia a procurar a origem e o destino do universo, a conhecer as causas íntimas dos fenômenos, para preocupar-se unicamente em descobrir, graças ao uso bem combinado do raciocínio e da observação, suas leis efetivas, a saber, suas relações invariáveis de sucessão e similitude. A explicação dos fatos, reduzida então a seus termos reais, se resume de agora em diante na ligação estabelecida entre os diversos fenômenos particulares e alguns fatos gerais, cujo número o progresso da ciência tende cada vez mais a diminuir.

Note que a questão principal do pensamento positivista não é seguir desesperadamente à busca da causa primeira de todas as coisas. Isso é simultaneamente uma crítica ao pensamento teológico (Deus como origem de tudo) e do racionalismo cartesiano (que inicia a tendência de trocar essa origem pelo "eu penso" – o *cogito* ou a razão humana).

Para Comte (1973), seguir por uma regressão ao infinito atrás dessa origem é algo inútil. O importante para o positivista é encontrar relações causais. Leia-se: estudar as relações entre fatos e a sequência de produção de fatos; é observar que o fato A e o fato B estão conectados por uma relação de causa e efeito. Ao notar essa relação causal, o cientista passou, então, a buscar leis universais que explicam essa relação e, por consequência, todas as outras relações entre fatos subordinados a essas mesmas leis (Comte, 1973).

Comte, no entanto, não foi o primeiro nem o único a compartilhar desses pressupostos teóricos. Ele estava inserido em um contexto no qual essa forma de pensar se espalhava e ganhava contribuições diversas de múltiplos autores. A compreensão de que os fatos são interligados de modo causal (linear) contribuiu para uma leitura profundamente evolucionista da sociedade, de modo que a percepção que se difundia – de que os organismos vivos (incluindo os seres humanos) avançavam de modo linear, em uma ordem preestabelecida e de acordo com leis causais universais – foi apenas o primeiro passo. Não demorou muito para que as organizações sociais fossem explicadas a partir das mesmas metáforas organicistas: se as instituições sociais (a família, a escola, a religião, o Estado) têm funções (como os rins, o coração, os pulmões) dentro de um corpo social mais complexo, não é estranho, nesse contexto, pensar que as sociedades humanas também têm graus evolutivos diferentes.

Exatamente nesse mesmo período (1859), Charles Darwin publicou a obra A origem das espécies e, então, é bastante comum que a ideia de evolução seja associada a ele, mas, apesar disso, quem mais influenciou a leitura sociológica nessa ótica evolucionista foi Herbert Spencer. Essas leituras em biologia e sociologia de evolução estão profundamente interligadas, sendo frequente a associação de que as sociedades mais "evoluídas" (na época igualadas aos impérios industriais e coloniais da Europa) seriam também aquelas compostas pelos seres humanos "mais evoluídos" (o branco europeu). Esse evolucionismo aplicado à leitura da humanidade e suas organizações sociais popularizou diversas teorias racistas, com profunda influência não apenas na Europa, mas também em suas colônias (Schwarcz, 1993). Com isso, as teorias positivistas auxiliaram uma leitura extremamente conservadora, que cumpriu um papel de justificação da realidade europeia no período e sedimentou a estrutura do capitalismo industrial, que, por sua vez, finalizou vitoriosa após as convulsões revolucionárias do século XVIII (Anitua, 2005).

Do mesmo modo que o pensamento acadêmico geral da época foi influenciado por essas tendências, a questão criminal também recebeu sua vertente positivista, com versões diferentes em países diferentes.

> Quando se fala da criminologia positivista como primeira fase de desenvolvimento da criminologia, como disciplina autônoma, se faz referência a teorias desenvolvidas na Europa entre o final do século XIX e começo do século XX, no âmbito da filosofia e da sociologia naturalista. Com isso, se alude, em particular, à escola sociológica francesa (Gabriel Tarde) e à "Escola social" na Alemanha (Franz von Liszt), mas especialmente à "Escola positiva" na Itália (Cesare Lombroso, Enrico Ferri, Raffaele Garofalo). (Baratta, 2002, p. 32)

Dos três exemplos, nosso foco volta-se para a linha italiana, pois foi aquela que recebeu mais difusão mundial e, sem dúvida, a que exerceu influência bastante destacada na América Latina.

Muito provavelmente, você já deve ter ouvido falar em alguma representação caricata do pensamento lombrosiano, como se fosse uma teoria exótica, estranha, na qual seria possível detectar o criminoso pela sua aparência. O problema dessa caricatura é que ela ignora o fato de que Lombroso se encaixa perfeitamente em uma tendência maior de pensamento e que muitos desses traços sobrevivem ainda hoje no imaginário comum sobre a questão criminal.

Os positivistas italianos partem das mesmas críticas contra o pensamento iluminista dominante até então da dogmática penal. Para eles, tratava-se de uma orientação especulativa genérica e que não permite compreender o delito como de fato é (Garofalo, 1925). O primeiro ataque foi feito não apenas sobre o pensamento penal, mas também sobre os juristas, pois eram os principais representantes dessa forma iluminista de trabalhar a questão criminal. Não havia aí apenas uma disputa epistemológica; a crítica questionava sobre qual profissional era mais adequado para moldar a definição de *crime* e as medidas para reação.

De forma ilustrativa, o jurista brasileiro Tobias Barreto (1926, p. 74) teceu os seguintes comentários pouco tempo após a publicação da obra de Lombroso:

> Nela se nota que o psiquiatra quer destronar o jurista, a psiquiatria quer tornar dispensável o direito penal. O autor, – é certo, – não o declara expressamente; mas isto lê-se entre

as linhas. Nem se concebe que o indivíduo delinquente visasse outro fim, se não modificar completamente as ideias tradicionais sobre o crime e o criminoso, derrogar de todo a intuição corrente do instituto da pena.

No cenário acadêmico italiano, a leitura de Comte (1973) foi, inicialmente, pouco difundida. Entretanto, ainda que superficial, a difusão desse pensamento ajudou a preparar a recepção de autores evolucionistas, como Darwin e Spencer (Dias, 2015). Já nos anos 1870, quando os criminólogos positivistas começam a difundir seu pensamento, a influência da sociologia de Comte e do evolucionismo social na versão spenceriana era perceptível (Andrade, 2003a). Isso significa que uma visão geral sobre o método positivo (observação e experimentação a partir de fatos) já tinha assumido característica dominante.

Nas várias ciências, os autores percebiam a incorporação dessa postura positivista e acusavam os juristas de estarem "atrasados" nesse desenvolvimento. Um exemplo disso, de acordo com Ferri (1907), é a medicina, que, no início do século XIX, trabalhava com a doença como um ente abstrato, desligada da pessoa do doente, considerando que os sintomas deveriam ser tratados de modo universal, por exemplo: toda a febre poderia ser tratada do mesmo modo, pois, como era tida como um conceito único (febre), e, portanto, não importava o paciente, suas condições físicas, peso, nutrição, questões hereditárias etc. A partir da mudança positivista, a medicina começou a notar que

O importante não é cuidar de doenças abstratas, mas de doentes concretos, ou seja, que a ênfase principal deve estar na pessoa do doente.

Pensou-se, então, que a mesma lógica deveria ser aplicada à questão criminal, pois os juristas estavam preocupados com um crime e uma criminalidade genéricos (como ente jurídico) e ignoravam a pessoa do criminoso. No entanto, a perspectiva positivista passou a olhar para o criminoso concreto, suas condições de vida, origem genética, estrutura psíquica. Para conseguir isso, esses juristas deveriam ser capazes de separar e classificar os criminosos, a partir da observação de fatos, casos e dados estatísticos. Essa classificação dos criminosos teve como principal critério a causa de sua condição criminosa. Do mesmo modo que os médicos poderiam classificar as infecções na pele a partir do tipo de organismo que as causa (vírus, fungo, bactéria), os autores positivistas poderiam se concentrar em classificar o delinquente com base nas causas da criminalidade.

Essas classificações, é claro, variavam profundamente de autor para autor, mas a base positivista no pensamento é a mesma. Para ilustrar, Ferri (1907) criou uma distinção entre os tipos de criminosos que acabou bastante popular em seu tempo. Para ele, haveria os criminosos: loucos, natos, habituais (ou por hábito adquirido), por ocasião, por paixão. Note o estilo de argumento usado pelo autor ao descrever cada um deles:

- **Criminosos loucos**: a loucura desse tipo de criminoso seria uma loucura moral, que, de acordo com Ferri (1907, p. 166) "corresponderia a uma diminuição ou ausência do sentido moral". A causa, para o autor, seria uma má-formação mental desse sentido moral, de forma que o indivíduo teria, como característica, uma incapacidade mental de conhecer o que é permitido ou proibido.
- **Criminosos natos**: são aqueles que têm deficiências biológicas verificadas pela antropologia criminal. A característica é uma oposição completa ao indivíduo "normal". Completamente incorrigíveis, sempre cairão em reincidência quando estiverem livres.
- **Criminosos habituais** (ou por hábito adquirido): normalmente não têm (mas podem ter) as características antropológicas do criminoso nato. Em regra, esse indivíduo é uma pessoa corrompida moralmente pelo seu meio desde idade muito baixa e inicia aí um circuito criminoso que não é interrompido, pois não são aplicadas as medidas sociais adequadas. Os principais sintomas são precocidade e reincidência (Ferri, 1907).
- **Criminosos passionais**: são raramente reincidentes. Sua delinquência é rara e costuma ser impulsionada por estímulo emocional incontrolável. O tipo de crime tende a envolver

violência contra a pessoa. São temperamentais e extremamente sensíveis, ao contrário dos criminosos natos ou habituais (marcados pela insensibilidade).
- **Criminosos de ocasião**: são aqueles que não têm uma causa natural (biológica ou psicológica) para o delito. São estritamente impulsionados pelas tentações de suas condições pessoais e de seu entorno social. Por isso, a causa determinante do criminoso de ocasião é o impulso externo, ao contrário do criminoso nato, para quem a causa determinante é interna ao indivíduo, ainda que possa ser estimulado por fatores externos (Ferri, 1907).

Sob essa estética de apresentação do pensamento, os criminólogos positivistas usaram infindáveis tabelas de dados do sistema penal, referência a estudos empíricos e apresentações em congressos acadêmicos (como intercâmbio de pesquisas). Com isso, buscaram apontar que essas classificações e explicações são respaldadas em fatos, suas observações e que estariam fazendo ciência experimental. Contudo, as exposições eram extremamente confusas, porque eles estavam tão fascinados com o pensamento que não notavam a profunda arbitrariedade dele.

Como exemplo, ao longo da explicação de Ferri (1907), podemos notar que o criminoso louco pode ter a "loucura" desde o nascimento (o que seria uma característica nata, mas não é um criminoso nato), e pode também a adquirir ao longo da vida; a principal característica do criminoso habitual é ser profundamente reincidente, mas os criminosos louco e nato também são muito reincidentes; o criminoso por ocasião não tem um problema biológico, mas tem uma patologia biológica, ou seja, "pode tudo" nessa linha argumentativa, e as exposições sofrem de um profundo "complexo de Simão Bacamarte"[1].

Esses indivíduos criminosos seriam, antes de tudo, anormais dentro da maioria social. Ainda que cada um tivesse seus

---

1 Referência ao personagem principal de um conto literário de Machado de Assis chamado O *alienista*. Vale mencionar que *alienista* é uma expressão antiga usada para fazer referência ao médico psiquiatra (aquele que trata dos "alienados mentais"). A história segue a trajetória de Simão Bacamarte, médico extremamente culto e que adota as últimas tendências da ciência da época (leia-se, era um positivista). Ele vai a uma vila no interior do Rio de Janeiro, chamada Itaguaí, e lá começa a aplicar os últimos avanços do método positivo. Após construir um manicômio na cidade (que chamou de Casa Verde), redefiniu de modo "científico" a fronteira entre a razão e a loucura: "a razão é o perfeito equilíbrio de todas as faculdades; fora daí insânia, insânia e só insânia" (Machado de Assis, 1938, p. 31). Fácil, não? Então começou a internar todas as pessoas que "não tivessem o perfeito equilíbrio das faculdades". O problema? Ao longo da história, quase toda a cidade está internada na Casa Verde. Lógico que isso é problemático e as pessoas se revoltam. Em uma epifania, o médico descobre que errou em seu conceito de sanidade/insanidade, porque os sinais estavam invertidos. Com isso, inverte o conceito para dizer que "normal" é aquele que "não tem o perfeito equilíbrio de todas as faculdades". Aí passa a internar as pessoas "honestas", "humildes", "virtuosas" para elas aprenderem que devem ser desonestas, avarentas e assim por diante. Até que, no fim, somente resta uma pessoa perfeitamente equilibrada na cidade: o próprio Simão Bacamarte. Em um ato de profunda humildade, declara que ele mesmo deveria ser internado. Por ser científico, é "incorrigível" de seu equilíbrio racional e morre na Casa Verde sem ser "curado" de sua loucura de não ser louco.

Isso mostra como Machado de Assis não apenas conhecia as tendências teóricas positivistas, mas também era sagaz para já perceber suas falhas e escrever um conto profundamente satírico em torno da arrogância acadêmica. Já notava que os argumentos científicos eram (são?) profundamente levianos e, de forma arbitrária, criavam classificações sociais diversas e que geravam um impacto sensível na vida das pessoas. Levando à risca o Simão Bacamarte (caricatura do médico positivista), todo mundo é louco e, no fim, é normal ser anormal. Essa ironia é também aplicável aos criminólogos positivistas e, se apertarmos os "critérios" para a definição do criminoso, o destino de todos seria a "Casa Verde" (cárcere).

sintomas, suas origens e sua intensidade, todos apresentariam um grau de periculosidade, algo que somente o delinquente tem. Esse conceito, que originalmente foi chamado de *temibilidade*, pode ser entendido como "a perversidade constante e ativa do delinquente e a quantidade do mal previsto que há que se temer por parte dele" (Andrade, 2003a, p. 69). A ideia é que o criminoso representaria uma ameaça constante dentro da sociedade como um todo.

De acordo com Garofalo (1925), a sociedade precisaria de um sistema imunológico do mesmo modo que o corpo humano precisa de mecanismos para a defesa contra os agentes que ameaçam o funcionamento normal: isso corresponde ao conceito de *defesa social*. Embora essa ideia já fosse trabalhada por autores clássicos, os positivistas a transformam para sua estrutura teórica e finalidades políticas da época (Baratta, 2002).

Importante!

De modo resumido, a noção de defesa social é aquela que legitima a resposta de uma sociedade (especialmente por meio das instituições de Estado) contra os indivíduos que se apresentem como ameaça. Nesse caso, o indivíduo criminoso **é perigoso** *(não é uma situação passageira) e, por meio do crime, apenas apresenta o "sintoma" de sua periculosidade (Anitua, 2005). A reação da sociedade não é contra o ato passado, porque este já aconteceu e não pode ser revertido, mas contra a constante ameaça que esse indivíduo delinquente apresenta para a perpetuação social. A pena é apresentada como mecanismo* *legítimo e natural de defesa, devendo ser a medida adequada para a condição de cada criminoso.*

Se, na medicina, existem doenças que podem ser curadas e outras que somente podem ser contidas com um tratamento contínuo, a pena funcionaria do mesmo modo. Alguns fatores da criminalidade poderiam ser controlados e anulados; outros exigiriam uma medida de caráter permanente. Em casos extremos, quando não houver o que fazer para resolver ou controlar a situação, só a expulsão completa da comunidade (banimento, ostracismo) ou a pena de morte restaria (Garofalo, 1925).

Vale notar que a referência, aqui, é bastante diferente do modelo clássico (que também é hoje adotada em nossa legislação). A norma jurídica penal define algumas condutas como crime e, em resposta, estabelece uma pena para todos os casos. Ainda que a lei permita modular a punição, essas mesmas regras servem como barreiras que não podem ser ultrapassadas. O texto legal, por exemplo, indica um intervalo mínimo e máximo para a punição de um crime, mas essa indicação também serve para saber que esses mínimo e máximo não podem ser ultrapassados.

Para os positivistas, essa ideia clássica era absurda, pois eles consideravam que definir uma punição para o crime antes de conhecer o criminoso seria como fazer uma prescrição médica antes de falar com o doente; ou como dizer que toda a dor de cabeça deve ser tratada com um analgésico (variando apenas a dose), não importando se a causa da dor de cabeça é estresse, ressaca de bebida alcoólica ou um tumor. O tratamento médico não tem uma duração determinada; sua continuidade depende exclusivamente da resposta do paciente ao tratamento. Se for curado rapidamente, a terapia é interrompida; se não responder adequadamente, novas medidas são tomadas, até que uma funcione (ou o paciente morra, o que vier antes).

As propostas de tratamento são das mais variadas de autor para autor, mas a lógica é a mesma: resposta individualizada, com a finalidade de tratar (ou neutralizar) a pessoa, por quanto tempo fosse necessário. Lombroso (2007), por exemplo, formulou uma noção de *manicômio criminal*, que, embora fosse, em grande medida, parecida com a pena privativa de liberdade, seguia uma lógica de tratamento médico a partir dos pressupostos positivistas. Como os fatores da criminalidade já estariam presentes desde o nascimento, quanto mais cedo fosse detectada a anomalia e começasse o tratamento, melhor. Isso significa um grande apoio a seu uso também com crianças (Lombroso, 2007).

Por sua vez, Garofalo (1925) formulou propostas de todo o tipo de tratamento, desde as medidas corretivas já existentes no modelo penitenciário até, para casos considerados incorrigíveis, a morte. O discurso de eliminação não era uma peculiaridade desses autores e, ao longo das primeiras décadas do século XX, tornaram-se cada vez mais populares propostas eugenistas e de outras modalidades de engenharia social (Schwarcz, 1993).

Os positivistas colocam como centro de seus estudos outro objeto. Não é mais a relação entre o indivíduo e o Estado; agora se trata de estudar o indivíduo delinquente destacado dessa relação. O "homem delinquente" só, isolado, pronto para ser dissecado e classificado em todas as suas dimensões biopsicossociais. Importava encontrar as diversas causas para a criminalidade; fatores internos (como a herança genética ou elementos psicológicos) ou externos (como a conjuntura social, grau de "civilização" e até as variações climáticas). Feito o diagnóstico, a pena aparecia como "anticorpo" em favor da defesa social.

— 1.3 —
Difusão do positivismo criminológico no Brasil

A doutrina positivista influenciou profundamente a elite econômica e intelectual brasileira. Alguns exemplos simbólicos permanecem em nosso cotidiano e é fácil passarem despercebidos como produtos daquele momento histórico. Por exemplo:

> A leitura causal da realidade (tudo pode ser traçado a partir de uma relação de causa e efeito) faz com que a existência tenha sua ordem natural e que, se assim mantida, o progresso da humanidade seja impulsionado.

Como sabemos, esse lema positivista, "ordem e progresso", está em nossa bandeira nacional, o que reflete essa influência. Ao final da vida, Comte desenvolveu um sistema religioso com base na doutrina positivista, e, também no Brasil, na cidade do Rio de Janeiro, foi construído o primeiro templo da "religião da humanidade" (Anitua, 2005).

É importante deixar claro que, embora esses teóricos brasileiros tenham mantido os fundamentos positivistas, não é possível afirmar que se trata de simples cópia ou mimetismo intelectual. Esse processo foi profundamente criativo, pois, para o europeu da época, nós (América Latina) éramos os "selvagens", os "inferiores", os "atrasados". Então, seria suicida a importação direta das teorias, e isso impõe transformações seletivas, descartando as parcelas disfuncionais do pensamento e inovando nas diversas lacunas deixadas (Góes, 2015). O pensamento positivista influencia a criminologia brasileira da época, mas é torcido e retorcido para ajustá-lo às peculiaridades locais.

No Brasil, o positivismo começou a ser difundido a partir dos anos 1870, mas sua leitura cumpriu funções diferentes entre juristas, de um lado, e médicos, de outro lado. As faculdades de direito cumpriam a finalidade de formação de uma elite intelectual e política, sem ter o mesmo grau de dependência de Portugal (Adorno, 1988). Os cargos públicos eram essencialmente ocupados pelos bacharéis, por isso é comum ver na política do período pessoas de renome, cuja formação acadêmica ocorreu nas faculdades de Direito, especialmente a de São Paulo (Venancio Filho, 2004).

Nessas faculdades de Direito, o modelo de ensino e a linha seguida pelos docentes eram mais influenciados pelo iluminismo liberal europeu. O direito penal ensinado, por exemplo, era o modelo clássico de Beccaria e Bentham. Como o pensamento positivista era profundamente crítico dessas teorias, foi frequentemente usado pelos estudantes da época como ferramenta para criticar seus professores (Venancio Filho, 2004). Por isso, a difusão do pensamento positivista entre os juristas passou a ser mais perceptível na geração que se formou a partir dos anos 1870, e não tanto nos acadêmicos já consolidados.

Os pensadores brasileiros que embarcam nessa linha teórica encontram no biologismo racista do período a justificativa de que precisavam para o aprofundamento, no país, do controle social de negros, indígenas e "mestiços". Considere que a escravidão passava por um processo de processo de abolição formal desde o ano 1850, com a Lei Eusébio de Queirós, Lei n. 581, de 4 de setembro de 1850, e culminou, em 1888, na Lei Áurea, Lei n. 3.353, de 13 de maio de 1888. Como a relação de escravidão não mais era o fundamento de controle desses grupos, foi necessário direcionar o discurso penal para as populações dos cortiços, suas festas populares, as manifestações religiosas. Por isso, para entender o positivismo no Brasil, é necessário ter em mente a existência de uma disputa de poder entre médicos e juristas, bem como que a questão racial estava no meio desse "fogo cruzado" (Schwarcz, 1993).

— 1.3.1 —
Tobias Barreto

Na Faculdade do Recife, Tobias Barreto (1926) adotou, em grande medida, as orientações teóricas que ganhavam espaço na Europa. Nesse sentido, foi um pensador bastante sintonizado com a produção acadêmica de seu tempo e buscou estudar a ciência jurídica a partir dos pressupostos positivistas, "aliada à biologia evolutiva, às ciências naturais e a uma antropologia física e determinista" (Schwarcz, 1993, p. 149).

Apesar de empolgado com o potencial crítico que essas teorias apresentavam, Tobias Barreto (1926) foi profundamente crítico da obra de Lombroso. Para o autor da Escola do Recife, embora o texto lombrosiano fosse inovador em apresentar a criminalidade de forma semelhante (pois se tratava apenas de uma analogia) a uma doença, carecia de mais falhas do que avanços. Indicou que o livro de Lombroso acabou fazendo observações de fatos sem nunca derivar uma lei geral que conseguisse agrupar a explicação e, por isso, era um empirismo inútil. No fim, a obra acabaria no mesmo lugar de onde partiu: não demonstrou que o direito penal clássico poderia ser abandonado e o modelo de tratamento hospitalar seria, em essência, igual à pena privativa de liberdade, apenas com um nome diferente. Ao longo de sua exposição, o estudioso assumiu uma postura positivista mais moderada e, no campo penal, permaneceu bastante crítico do positivismo criminológico.

— 1.3.2 —
Clovis Bevilaqua

Em sua obra *Criminologia e direito*, Clovis Bevilaqua (1896) adotou e aplicou o modelo positivista para a interpretação da temática e, como ele era um teórico de formação jurídica, buscou incorporar, de modo subordinado ao direito, as produções "externas" do campo da medicina, da sociologia e da antropologia. Por isso, sua visão acerca do fenômeno criminal tem um estilo bastante típico da teoria do direito e tenta, nesse ecletismo, uma leitura atualizada da questão criminal para sua época.

Nesse sentido, a perspectiva de Bevilaqua (1896) carrega mais o estilo do jurista e menos o do médico ou do sociólogo, como era comum nas leituras criminológicas da época. De acordo com Munhoz (1960), na crítica comum das ciências positivistas do século XIX ao estilo especulativo do jurista, o autor abraçou a diferença e incorporou a criminologia em seu pensamento. Uma de suas principais contribuições foi a releitura de teorias da responsabilidade criminal a partir dos avanços proporcionados pelo positivismo criminológico, especialmente com a utilização de dados, estatística criminal e o uso de métodos empíricos para a compreensão do fenômeno.

A ressignificação científica do racismo, por exemplo, que estava bastante em voga no período, buscava encontrar, entre eventuais diferenças biológicas, a justificativa da desigualdade social, e Bevilaqua (1896) não destoou dessa vertente, reproduzindo os principais traços que encontram uma semente da criminalidade no biologismo racista. Em sua obra específica no campo da criminologia, realizou uma análise de dados estatísticos para estudar a "distribuição racial da criminalidade". Observando as diferenças entre três raças que entende componentes da população brasileira (branco, vermelho, negro), bem como suas formas de mestiçagem, concluiu que

> as duas raças inferiores contribuem muito mais poderosamente para a criminalidade do que os arianos, creio que, principalmente, por defeito de educação e pelo impulso do alcoolismo, porquanto grande número dos crimes violentos tem sua origem nos sambas, se não são mesmo durante eles praticados. E por educação entendo eu aqui aquela que se recebe no lar e no convívio social, ligada à inclinação recebida hereditariamente. (Bevilaqua, 1896, p. 94)

Com a tradicional estética causalista do positivismo, ensaia para a realidade brasileira os fatores que impulsionariam a criminalidade local. Nisso, reproduz também equívocos incorporados ao senso comum punitivo que ainda sobrevive.

— 1.3.3 —
Francisco Viveiros de Castro

Outro exemplo é Viveiros de Castro (1913), pensador brasileiro com publicações concentradas na virada do século. Em sua produção inicial, ainda no final do século XIX, teve uma considerável dedicação para estudar delitos envolvendo mulheres (como autoras ou vítimas). Como muito comum, suas formulações são bastante ambíguas, a ponto de defender uma responsabilidade diferenciada da mulher com base em oscilações hormonais da gravidez (fundamento que serve de base para a responsabilidade reduzida no tipo de infanticídio), bem como defende o direito ao divórcio e de sufrágio feminino. Por outro lado, faz severas críticas morais à prostituição, a ponto de sustentar que a violência sexual contra prostitutas não era tão reprovável e que o autor do delito não seria dotado de temibilidade (Dias, 2015).

Nos últimos anos do século XIX, Castro aproximou-se cada vez mais da Escola Positivista, de forma que essa teoria passou cada vez mais a transparecer em suas obras. O ponto de partida do autor seguiu o mesmo padrão que temos visto: critica o direito penal clássico e coloca o criminoso no centro das atenções.

> A classificação científica dos criminosos é hoje uma conquista da escola antropológica italiana no direito penal. Não se julga mais o delinquente, estudando abstratamente o crime por ele cometido, considerado o delito um ser jurídico, como entendem Carrara e seus discípulos da escola metafísica. O criminoso absorve completamente a atenção do magistrado e a atenção do antropologista e é pelo estudo de seus caracteres anatômicos e fisiológicos que se pode bem conhecer o seu caráter de temibilidade e, portanto, graduar razoavelmente as penas segundo as exigências da defesa social. (Viveiros de Castro, 1913, p. 115-116)

Uma vez enaltecido o pensamento positivista, o autor seguiu com sua aplicação tradicional; formulou uma classificação científica dos criminosos e os fatores que causam a criminalidade dessas pessoas. Seguiu os passos tradicionais sustentados no período (arrolamento de causas e seu uso para separação dos delinquentes a partes do fator preponderante de influência) e a fundamentação da resposta penal em torno da categoria de defesa social (Dias, 2015). Nesse sentido, Viveiros de Castro foi, sem dúvida, um entusiasta das construções criminológicas de seu tempo e realizou a leitura do fenômeno de modo bastante atualizado às produções continentais europeias do período.

— 1.3.4 —
Raimundo Nina Rodrigues

Sem dúvida, entre os autores do positivismo criminológico no Brasil, um dos mais comentados é Nina Rodrigues (1957, 2004). Maranhense, teve formação médica em grande parte na Faculdade de Medicina da Bahia e uma fração no Rio de Janeiro. Um dos principais elementos que chamam a atenção dos comentadores é a característica racista de seu pensamento e o fato de que essa característica não é escondida nas entrelinhas da exposição – está tudo muito bem declarado e, por isso, é um interessante paradigma de estudos da questão racial no Brasil.

Nina Rodrigues foi um grande entusiasta da época e incorporou a leitura lombrosiana para pensar a questão da responsabilidade criminal do negro. No caso italiano, a obra inicial de

Lombroso era direcionada para sustentar uma diferença biológica (natural) entre as populações do norte e do sul do país. Em razão de uma presença maior de características atávicas na região sul da Itália, haveria aí uma propensão maior à criminalidade (Olmo, 1981).

Nina Rodrigues (2004), por sua vez, adaptou essas mesmas premissas para as relações raciais no Brasil do final do século XIX. Para ele, negros e indígenas seriam manifestações de um processo humano evolutivo atrasado, do qual o branco europeu seria a forma mais avançada. Essa visão evolucionista (a mesma usada amplamente no mesmo período na Europa) servia para naturalizar desigualdades sociais. Por isso, o autor sustentou que o extermínio indígena e a subordinação dos negros seriam fenômenos naturais, ligados ao progresso "normal" das sociedades. Para ele, esses processos sociais de dominação seriam apenas consequências da "inferioridade racial" e, portanto, não se poderia culpar o branco por inferiorizar as outras raças, inclusive isso seria um "favor", já que um processo que auxilia o progresso mais acelerado dos grupos dominados (Nina Rodrigues, 2004).

Além disso, para o autor, as diferenças "naturais" entre as raças exigiriam um controle penal adequado para cada grupo, de forma que as medidas punitivas deveriam ser ajustadas para cada criminoso, levando em conta suas diferenças naturais e sociais, semelhantemente ao argumento usado por Ferri (Nina Rodrigues, 1957). Para justificar essa distinção, Nina Rodrigues (1957) fez uma analogia com o desenvolvimento do ser humano "normal" ao longo da vida, dizendo que a criança (aqui analogia aos negros e indígenas), uma vez que é despreparada para a vida física e psicologicamente, sem maturidade emocional ou moral, não pode ser julgada com base nos mesmos critérios que os adultos (aqui, em analogia com os brancos). O autor ainda salientou que, apesar da analogia com crianças, seria necessário considerar que os negros e os indígenas não atingiriam o grau de desenvolvimento completo no curso da vida (Nina Rodrigues, 1957).

De modo bastante propositivo, Nina Rodrigues (1957, 2004) apresentou uma série de sugestões para adaptar a justiça criminal a um sistema que diferenciasse a responsabilidade penal entre raças no Brasil. Por exemplo:

- Necessidade de diferenciar a norma penal de acordo com a região do país, tomando em consideração a "composição étnica" e climática (Nina Rodrigues, 1957, p. 167).
- Aumento da idade para imputabilidade penal, de modo que a pessoa precisa ser mais velha para ser penalmente responsável. O autor justifica isso afirmando que se deve às "nossas raças inferiores e da inferioridade da nossa cultura mental" (Nina Rodrigues, 1957, p. 174).
- Leis de cada estado da Federação poderiam prever adaptações próprias da norma penal, bem como o Poder Judiciário deveria ter órgãos especializados na matéria criminal (Nina Rodrigues, 1957).

- Possibilidade de diferenciar graus de imputabilidade e medidas de punição ou terapêuticas para os negros a partir da avaliação caso a caso. Alguns negros poderiam ser punidos com a pena, e outros deveriam receber outro tipo de tutela (Nina Rodrigues, 2004).

A leitura de Nina Rodrigues, embora tenha sido bastante influente nos círculos acadêmicos da época, não estava isolada. Seria possível, de acordo com nossa finalidade de estudo do tema, continuar tratando, ainda que brevemente, de autores que incorporam em seu pensamento os pressupostos do positivismo criminológico. No entanto, o que pretendemos é deixar claro que essa matriz teórica positivista gerou influência local considerável em diversos pensadores preocupados com a questão criminal (tanto na medicina quanto no direito)[12].

---

2 Na sequência do pensamento médico, Afrânio Peixoto (1953) herdou bastante do pensamento de Nina Rodrigues e formula, inclusive, sugestões eugenistas para evitar a propagação de uma "genética da criminalidade". Leonidio Ribeiro (1957), influenciado por Nina Rodrigues e Afrânio Peixoto, radicaliza a leitura lombrosiana para o contexto nacional. Em 1933, chega a receber uma menção honrosa no Prêmio Cesare Lombroso realizado por comissão científica italiana e com alcance em diversos países. O Brasil, no entanto, não está isolado. A perspectiva positivista também influencia diversos outros teóricos pela América Latina. Sobre isso, recomendamos a leitura da obra específica de Rosa Del Olmo (1981): *América Latina e sua criminologia*.

— 1.4 —
Algumas características unificadoras do positivismo criminológico

Para quem iniciou recentemente os estudos no campo da criminologia, entendemos que um texto com um estilo de história do pensamento pode ser de difícil compreensão. Por isso, vamos sistematizar algumas das ideias apresentadas anteriormente. No entanto, uma ressalva se faz necessária: a simplificação aqui proposta é essencialmente didática. Não é possível resumir, em algumas páginas, um século e meio de rica produção acadêmica e debates intensos. Não é por menos que Vera Batista (2011, p. 41) refere-se à linha teórica como "positivismos" (no plural). Assim, os tópicos a seguir devem ser interpretados como uma indicação geral de tendências, com a finalidade de ajudar na compreensão do positivismo criminológico.

— 1.4.1 —
Busca pelas causas individuais do crime e da criminalidade (etiologia do crime)

Como vimos, a doutrina positivista (não apenas aquela aplicada em criminologia) estava preocupada em identificar as relações causais da realidade – a ideia de *causa* é central para essa perspectiva teórica. No positivismo criminológico, os esforços para entender o crime e a criminalidade direcionaram o olhar para o indivíduo e buscaram nele (ou em seu entorno) as causas desse comportamento delitivo.

Como esse momento inicial contou com a presença de um discurso médico, foi bastante frequente a comparação da criminalidade com alguma forma de transtorno da mente ou do corpo. Ainda que se trate, na maior parte dos casos, de uma analogia didática, os autores entenderam (por aplicação do método experimental do positivismo) que é possível identificar uma etiologia do crime, assim como há uma etiologia das doenças. A ideia era simples: uma vez que se compreende que a gripe (por exemplo) é causada por um vírus e que a forma de contágio é pelo ingresso do patógeno no corpo pelas vias aéreas ou com seu contato em outras mucosas (olho, boca), fica muito mais fácil prescrever medidas profiláticas. Portanto, para evitar a difusão da gripe, é importante evitar o contato com pessoas que estejam doentes, higienizar as mãos, evitar tocar olhos, boca e nariz etc. De modo semelhante, a ideia do criminólogo positivista é que seria possível identificar uma etiologia do crime e, depois de conhecê-la, seria viável prescrever uma profilaxia ou um tratamento.

A estética do argumento é bastante semelhante ao saber da medicina. Por exemplo, para Ferri (1907), há importância em conhecer as causas do delito para, então, poder prescrever a "cura". Por isso, seria necessário buscar a "gênese natural do delito, ora com relação ao delinquente, ora quanto ao meio em que vive, com o fim de adequar diferentes remédios às diversas causas" (Ferri, 1907, p. 2). Em virtude dessa ênfase nas causas do crime e da criminalidade, o positivismo criminológico é, com frequência, chamado de *paradigma etiológico* (Andrade, 2003b).

Nessa perspectiva, **as causas da criminalidade são individuais**. Ainda que a influência possa também ser externa (como o clima, a pobreza, o entorno social), o problema reside na interação desses fatores com o indivíduo criminoso (Garofalo, 1925). Os criminosos têm a capacidade de resistir a essas provocações ou tentações da criminalidade, mas essa capacidade é "reduzida" em razão de algum fator da pessoa. A diferença está em como eles reagem a esses estímulos.

Por exemplo, pessoas diferentes reagem de forma diversa ao cigarro. Há quem goste, há quem deteste, ou seja, há uma gradação enorme de como as pessoas lidam com o cigarro. Daqueles que gostam, existem pessoas que fumam esporadicamente quando saem à noite, assim como existem os que fumam tanto que isso chega a afetar as atividades diárias. Estes precisam de pausas no trabalho para fumar, caso contrário, ficam agitados e a capacidade de concentração diminui. Se desejam parar de fumar, sofrem com a privação desse hábito, especialmente na fase inicial de interrupção do uso.

Nesse exemplo, o cigarro está disponível para todas as pessoas. Quem pratica o ato de fumar é a pessoa, e não o cigarro. Então, mesmo que o estímulo seja externo (cigarro), quem é impulsionado a agir é o fumante. É por isso que, no positivismo, quando os autores observam fatores sociais como a pobreza, verificam que nem todos os pobres cometem crimes. Logo, de acordo com essa linha, o problema não está na pobreza, mas nos indivíduos que cedem aos estímulos e cometem os crimes. Desse modo, os positivistas afirmam que há algo de diferente com o indivíduo que comete crime, e não com a sociedade no entorno dele (Garofalo, 1925), do mesmo modo que o cigarro é o mesmo para todos e o que muda são os fumantes. Então, o que importa é **estudar o indivíduo, suas diferenças e quais estímulos impulsionam sua criminalidade**.

A ideia de que a criminalidade tem causas, gatilhos e impulsos que jogam a pessoa à conduta não foi superada. Permanece bastante viva no senso comum punitivo, ainda que com uma aparência diferente daqueles discursos médicos do final do século XIX. Para perceber com clareza essa sobrevivência, basta questionarmos a algum grupo (como alunos em uma sala de aula): "Quais são os fatores que levam a pessoa à criminalidade?".

A primeira marca da sobrevivência do positivismo em nosso imaginário é o fato de que essa pergunta ainda faz sentido; as pessoas entendem exatamente o que você quer dizer com "levar à criminalidade". Essa expressão é apenas um modo diferente de perguntar sobre as "causas" (etiologia) do crime. E as respostas vão formar um padrão comum (indicando que as pessoas foram devidamente socializadas nesse discurso dominante), envolvendo pobreza, problemas familiares, abusos, falta de ensino formal (a resposta padrão da "educação" é onipresente), ausência de emprego etc. Jamais vem a resposta de que **a "causa" da criminalidade é o processo social de criação e aplicação de regras que, pela distribuição seletiva de punições, formam padrões de criminalidade que, por sua vez, escondem padrões de imunidade.**

É o mesmo positivismo criminológico, com um aspecto mais contemporâneo. Ainda é o discurso sobre a existência de uma "causa para a criminalidade" e que afeta indivíduos diferentes, que cedem às "tentações" por alguma falha individual.

— 1.4.2 —
Sociedade composta por uma maioria normal e uma minoria criminosa

Quando o assunto é crime, a tendência de considerar a sociedade composta por uma maioria normal e uma minoria desviante não é uma peculiaridade do positivismo criminológico. Possivelmente, essa noção pode ser encontrada em quase todo o ideólogo de uma sociedade que busca defender e conservar determinada ordem como representante de uma vontade majoritária. Beccaria (2017), por exemplo, já havia exposto essa noção para criticar o uso da tortura como meio de prova: se a maioria das pessoas não viola as normas jurídicas, ao torturar alguém há uma chance maior de aplicar esse sofrimento ao inocente do que ao culpado (Beccaria, 2017).

Tal característica serve para ajudar a entender um ponto muito importante: ainda que o positivismo criminológico queira apresentar-se como ruptura de um modelo anterior, ele é também uma grande continuidade. Imagine que, todas as vezes que você pensa a sociedade (explicando como ela é ou como deve ser), está projetada aí sua visão de mundo. Se a pessoa entende que as relações sociais são igualitárias e justas, a descrição da sociedade vai ser com um viés igualitário; se a pessoa acredita que igualdade não é um valor que deve servir como base para as relações sociais, vai propor ideias que não usem a igualdade como referência de como as coisas devem ser. Isso significa que, nas entrelinhas, toda a teoria e construção acadêmica vem junto com essa contextualização, o que chamamos de *narrativa sociológica* (Motta, 2010).

O positivismo criminológico não é diferente. Existe no pensamento de cada autor (mesmo quando isso não é declarado expressamente) uma visão de como as coisas são e como devem ser. Mesmo críticos do direito penal clássico, os positivistas defendem que o controle penal dos criminosos deve existir, o que significa a necessidade de justificar a razão de precisarmos desses mecanismos de controle social. A partir daí, uma nova divisão social é formulada: entre uma maioria normal e uma minoria criminosa.

> Estabelece-se desta forma uma divisão aparentemente "científica" entre o (sub)mundo da criminalidade, equiparada à marginalidade e composta por uma "minoria" de sujeitos

potencialmente perigosos e anormais (o "mal"), e o mundo, decente, da normalidade, representado pela maioria na sociedade (o "bem").

A violência é, dessa forma, identificada com a violência individual (de uma minoria) a qual se encontra, por sua vez, no centro do conceito dogmático de crime, imunizando a relação entre criminalidade e a violência institucional e estrutural. (Andrade, 2003b, p. 37)

Quando se afirma que as causas do delito são individuais, comunica-se também a característica de que esse indivíduo "diferente" é minoria na sociedade. É, com isso, possível apontar para o criminoso como se ele fosse o "outro", distinto dos "cidadãos de bem". Essa narrativa é o que Albrecht (2005) identificou como *princípio da alteridade*. Os muros da prisão seriam uma espécie de linha simbólica entre dois mundos – de um lado (fora), os indivíduos normais e, do outro, os "portadores da criminalidade" (dentro).

Com a ideia de que a "criminalidade" está no outro, cria-se a ilusão de que o direito penal é necessário para defender a sociedade contra indivíduos perigosos (criminosos), que colocam em risco a própria existência dessa estrutura social. Por isso, não era possível, para os positivistas, trabalhar com a hipótese de que a prática de delitos é socialmente difusa, que (de fato) a maioria das pessoas na sociedade pratica condutas definidas na lei como crime. Como o desvio acontece o tempo todo e o sistema penal sequer conhece 1% de sua totalidade, temos uma contradição, pois isso significa que os delitos acontecem e a sociedade continua existindo normalmente. Logo, a criminalidade não seria a ameaça do tamanho que eles descrevem e o sistema penal não seria tão essencial como querem.

Então, para evitar esse paradoxo e permitir a legitimação do sistema penal, o único discurso que restou foi acreditar que somente alguns poucos diferentes são delinquentes e, portanto, criou-se um sistema binário e de fácil justificação. Como toda propaganda ideológica, surgiu uma narrativa de luta do bem contra o mal.

— 1.4.3 —
Visão naturalista de crime e de criminalidade

Essa terceira característica é, talvez, a mais difícil de ser compreendida em uma leitura inicial. Por isso, precisaremos partir de um meio mais conceitual e, pouco a pouco, trabalhar com exemplos e analogias para deixar o tema mais claro. Nosso ponto de partida é a síntese de Baratta (2002, p. 209, grifo nosso) ao explicar que o "paradigma etiológico supõe uma **noção ontológica da criminalidade**, entendida como uma **premissa preconstituída às definições** e, portanto, também à reação social, institucional ou não institucional, que põe em marcha essas definições".

Na citação, a palavra *ontológica* indica uma oposição ao termo *social*, ou seja, oposição a uma criminalidade socialmente construída pela elaboração e pela aplicação da lei. Os positivistas, assim como o senso comum sobre o sistema penal, trabalham com a ideia de que todos os crimes têm alguma coisa em comum – e não é só o fato de ser chamado de *crime* pela lei penal. É algo que antecede à lei.

É como se todas essas condutas tivessem uma essência comum, um núcleo que permeia todas elas; o que justifica que elas sejam incorporadas na lei como crimes. Essa ideia dá a ilusão de que todas essas condutas têm primeiro algo de ruim e depois são incorporadas na lei penal. É como se, antes mesmo de serem convertidas em lei, já tivessem uma essência ruim que foi "descoberta" ou apenas "reconhecida" pelo legislador. E, como em um passe de mágica, a conduta, que já era errada antes, recebe a etiqueta jurídica "crime". Portanto, nas entrelinhas desse discurso, temos primeiro o "problema" e depois o rótulo de *crime*. Com isso, todos os crimes são tratados como iguais, porque todos têm essa essência em comum – não importando se é homicídio (art. 121 do Código Penal, Lei n. 2.848, de 7 de dezembro de 1940) ou dano à planta ornamental (art. 49 da Lei n. 9.605, de 12 de fevereiro de 1998).

Do mesmo modo, se todas essas condutas têm uma natureza igual, todas as pessoas que praticam qualquer uma delas também são iguais, porque são criminosas. E realmente não importa o crime: se com ou sem violência, se com pena maior ou menor, se foi praticado uma ou várias vezes. É como se todos os criminosos tivessem a mesma "essência", o mesmo "problema". E, mais uma vez, isso independeria da lei. Imagine o problema da criminalidade como uma falha de caráter; se a pessoa com essa falha sai de um país que reprova esse comportamento e vai para outro (independentemente de como as regras sociais locais reagem), o problema vai junto com ela. Mesmo quando nesse novo país a sociedade local não rejeita o problema, a falha continua lá, como uma bomba relógio que pode explodir a qualquer momento.

Por isso, os positivistas conseguem falar de um "delito natural" (Garofalo, 1925, p. 27) ou de como há formas delituosas entre as plantas ou nos animais (Lombroso, 2007). É a ideia de que o delito e a delinquência não são criados pela lei (social); eles existem como um dado natural (ontológico), como um tipo de patologia mental, aguardando a descoberta pelo médico. Ainda que possa causar estranhamento falar em uma criminalidade das plantas, o senso comum punitivo carrega essas noções com adaptações ao imaginário contemporâneo.

Perceba a linguagem que usada no dia a dia para fazer referência a quem comete crimes. A palavra-chave é *bandido*. Note o uso dessa expressão e de outras parecidas nos jornais e em conversas casuais: tráfico de drogas, é bandido; roubo, é bandido; jogo do bicho e caça-níquel, é bandido; falsificação de documentos para indenizações, é bandido; cortou uma árvore em área de preservação, é bandido.

Não importa o que a pessoa fez ou a história por trás da conduta. Toda a informação necessária para saber quem ela é já está na mesa: é bandido. E a prisão é o lugar que reúne todas essas pessoas iguais; é o local onde se "armazena" a criminalidade. Quando falamos sobre a cadeia, parece que sabemos tudo sobre todas as pessoas ali dentro, porque elas cometeram um crime (mais uma vez, não importa qual) e esse dado define a pessoa em sua integralidade, todas as suas características se resumem a um único conceito: é criminoso. Não pai ou mãe, filho ou filha, parente, amigo(a), conhecido(a), colega de trabalho. Todas essas características e tantas outras parecem desaparecer uma vez que é "diagnosticado" o problema "criminalidade".

É como se a única característica dessas pessoas fosse a de ser bandido. Por um lado, nós, integrantes da maioria normal, somos complexos. Todas as nossas histórias envolvendo nossos erros e acertos são cheias de detalhes e nuanças; nada em nossas vidas é binário, preto ou branco, oito ou oitenta. Mesmo em nossos erros, sempre há detalhes que diminuem nossa falha (de acordo com nossa percepção). A moralidade de nossas ações é sempre muito ambígua. Mas, por algum motivo, o criminoso é simples. Não tem detalhe, ambiguidade ou complexidade; é criminoso, é mau e pronto.

Vamos ainda seguir trabalhando com um exemplo para explicar essa ideia. Imagine que você está conversando com um amigo sobre uma pessoa que você conheceu ontem. Esse seu amigo traz a seguinte informação para você: "Fulano" tem antecedentes criminais; ou diz que a pessoa está sendo processada por um crime. Você, provavelmente, vai imediatamente fazer um juízo negativo sobre essa pessoa. É como se somente com a informação de que ela cometeu um crime você já tivesse tudo o que precisa para julgar e dizer "essa pessoa não presta". Não é necessário saber mais nada sobre a pessoa. Não precisa saber qual foi o crime, se foi um uso de atestado médico para justificar a falta no trabalho ou uma nota fiscal que a pessoa pediu para sair em seu nome e aumentar a restituição do imposto de renda. Não é necessário **sequer saber se a pessoa realmente fez** o que dizem que ela fez.

Essa ideia também aparece nas conversas de todos os dias. Quando falamos que as pessoas que cumprem pena têm menos chances de se reinserir no mercado de trabalho, é provável que você já tenha escutado algo como: "Eu não vou contratar um ex-presidiário para trabalhar lá em casa, onde estão meus filhos pequenos". A informação que está contida nesse argumento é a mesma que estamos analisando. Não importa qual o crime cometido, se com ou sem violência, não interessa qual a história por trás dele ou sequer se o crime realmente aconteceu. O que conta é que a pessoa é criminosa e isso já diz tudo o que você precisa saber sobre ela e já está justificado o tratamento social diferenciado.

Por isso, Baratta (2002) indica que o positivismo criminológico trabalha com uma ideia de criminalidade anterior à reação social. Sempre que você pensar nesse crime e nesse criminoso abstratos, que envolvem, respectivamente, todas as condutas (do homicídio ao dano à planta ornamental) e todas as pessoas (do líder religioso que promete a cura mágica para uma doença com gestos – art. 284, inciso II, do Código Penal – até seu conhecido que frequentemente dirige embriagado), você está sendo positivista.

Podemos adiantar que só existe uma característica comum a todos os crimes e todos os criminosos, e ela não é natural, não é externa às relações sociais. O único elemento presente em todos os crimes, sem exceção, é o fato de ser descrito em uma lei penal; a única coisa que une todos os que chamamos de *criminosos* é o fato de que eles foram rotulados por um processo social.

Capítulo 2

*Uma revolução paradigmática
em criminologia:
o modelo da reação social*

No Capítulo 1 desta obra, fizemos uma exposição para apresentar o modelo positivista em criminologia, para que você, leitor, compreendesse que ele surgiu como crítica ao modelo clássico e inaugurou uma forma de pensar a questão criminal que ainda sobrevive no senso comum punitivo (Baratta, 2002). O positivismo é, nesse sentido, ruptura e continuidade. Atualmente, é possível encontrar no sistema penal, em sentido amplo, sobrevivências teóricas e práticas tanto do liberalismo penal iluminista quanto do positivismo criminológico.

Neste capítulo, vamos analisar a dissidência crítica na criminologia. Existe outra vertente criminológica, que começou a ganhar corpo ao longo da década de 1960 e que observou o fenômeno criminal a partir de uma ótica bastante diferente. O problema é que, para a pessoa que inicia os primeiros estudos em criminologia, essa diferença pode parecer inexistente. Essa percepção equivocada ocorre porque esse novo modo de pensar a questão criminal observa um ângulo do fenômeno criminal muito diferente daquilo a que estamos acostumados no senso comum punitivo; é divergente do que aprendemos na família, na escola, com os amigos, nas notícias jornalísticas, nas redes sociais e até nas faculdades de Direito.

— 2.1 —
Reação social como objeto da criminologia

Em 1983, o Conselho Europeu, por meio de sua divisão de assuntos legais, publicou um relatório sobre a descriminalização (Scheerer, 1983). Nos debates políticos da época, era muito comum falar em redução do sistema penal como forma de torná-lo mais eficiente, por exemplo, revogando contravenções ou crimes de bagatela. Punir as condutas verdadeiramente graves era a ordem do dia. No entanto, a novidade desse documento não está em repetir esse discurso, mas em trazer uma proposta mais radical para a Europa de minimizar o direito penal com o objetivo de acabar com ele no longo prazo.

Na ocasião, o criminólogo alemão Sebastian Scheerer (1983) entrevistou o criminólogo holandês Louk Hulsman e publicou o texto "Por que o direito penal precisaria ter funções?" – uma conversa com o título que é também uma pergunta. Em determinado ponto, Hulsman propõe uma reflexão interessante: para ele, as expressões *crime* e *criminalidade* já vêm carregadas de uma série de significados que atrapalham o entendimento de sua natureza social. Começar com o uso dessa linguagem já nos aprisiona em uma lógica muito específica de reação a problemas (Scheerer, 1983). Vamos esquecer por um momento essa ideia de crime e pensar em outros problemas pequenos que enfrentamos corriqueiramente. Trata-se realmente de questões banais, do dia a dia, que aparecem e precisamos resolver: acabou o arroz, amanhã tem prova de uma matéria da faculdade, estou com dor de cabeça.

Diante dessas situações, adotamos alguns comportamentos para resolver esses problemas. Acabou o arroz, vou ao mercado; prova chegando, melhor estudar a matéria; dor de cabeça, talvez seja bom tomar um analgésico. Vamos chamar essa resposta ao problema de *reação* – como reagimos ao problema.

A reação é pensada a partir do problema, mas nem sempre ela é eficiente para resolvê-lo. Podemos adotar comportamentos que são melhores ou piores para solucionar uma questão. No exemplo da prova, podemos estudar pelo material disponibilizado, recorrer a videoaulas aleatórias (que podem ser muito boas ou muito ruins) em alguma plataforma de *streaming* ou até abusar do consumo de bebidas alcoólicas como mecanismo de fuga momentâneo. Isso já revela um tema extremamente importante para a criminologia: há vários caminhos possíveis para reagir a problemas – alguns mais eficientes, e outros, menos.

Com crime e pena, há a mesma relação: aquilo que chamamos de *crime* seria um **problema**, e a pena, a **reação** a ele. Essa diferença (entre problema e reação) é central para o modelo de **criminologia da reação social**. O primeiro elemento que demanda um pensamento diferente sobre a questão criminal é compreender a separação com clareza e que **criticar a reação não significa dizer que a conduta por trás do crime não seja um problema** (Scheerer, 1983).

Voltemos aos exemplos de antes. Imagine que um amigo diga para você: "Estou com dor de cabeça, mas não vou tomar um remédio; vou bater a cabeça na parede até a dor passar". Você, que é uma pessoa preocupada com o bem-estar dos outros, diz: "Bater a cabeça na parede não só não vai resolver o problema, mas também pode agravar a dor e criar outros que não existiam antes". Mas agora imagine que seu amigo responda: "Quer dizer, então, que minha dor de cabeça não é um problema?!" Você, pessoa racional, vai ficar surpreso com a confusão e talvez não saberia nem por onde começar para explicar algo tão básico para seu amigo. Seria necessário esclarecer que sua ponderação não foi sobre a dor de cabeça – se ela dói ou não, se existe ou não. Você só disse que o caminho escolhido para reagir ao problema não seria o mais adequado, ou seja, a **sua crítica não foi ao problema, mas à reação**.

Explicado desse modo parece óbvio, mas, nas discussões sobre sistema penal, essa confusão é extremamente comum. É frequente, em palestras, aulas e debates públicos, dizermos, por exemplo, que o cárcere é ineficiente para resolver o problema da criminalidade e que, muitas vezes, até agrava a situação. Aí vem alguma pessoa indignada com a frase pronta: "Mas e se fosse a sua filha que... <coloque aqui a descrição de algum ato brutal>". E nós temos de explicar, pela milionésima vez, que estamos falando sobre bater a cabeça na parede, e não sobre a dor; estamos falando sobre a reação, e não sobre o problema.

Há uma dificuldade a mais, porque a expressão *crime* não ajuda a entender o problema que queremos descrever, uma vez que a palavra é apenas um **rótulo** jurídico (uma etiqueta criada pela norma) para condutas muito diferentes entre si. Nós usamos a mesma expressão para descrever o ato de matar alguém, obter vantagem patrimonial indevida, perturbar cerimônia funerária, gerir instituição financeira de modo temerário, danificar planta ornamental, expor à venda em supermercado produto fora do prazo de validade, fornecer atestado médico falso. Essas condutas não têm qualquer semelhança entre si, além do fato de que a lei penal dá para elas o mesmo rótulo: *crime*.

Voltemos aos exemplos anteriores sobre problemas: acabou o arroz, véspera de prova na faculdade, dor de cabeça. Imagine se alguém dissesse que nós deveríamos, para todos esses casos, tomar um remédio só porque todas essas coisas se chamam *problema*. Explicado dessa forma exagerada, é fácil entender que não faz sentido imaginar que todos os problemas possam ser resolvidos com uma única forma de reação. A reação que resolve um problema pode não fazer qualquer sentido para outro, e não é porque usamos a mesma palavra genérica para todos, que todos sejam iguais.

Para adicionar mais um nível de complexidade, nem mesmo quando temos problemas aparentemente iguais, podemos adotar a mesma reação. Por exemplo, a dor de cabeça pode ser causada por estresse, falta de descanso adequado, fome, problemas de visão e por aí vai. Por isso, o descanso que resolve o caso de uma pessoa não vai solucionar a miopia ou a fome de outra.

A mesma coisa acontece quando a conduta se encaixa em um único tipo penal. Pensem no furto. A conduta descrita no Código Penal é "Art. 155. subtrair para si ou para outrem coisa alheia móvel" (Brasil, 1940). Mas quem trabalha na área criminal sabe que cada caso é uma história diferente; cada processo é uma situação única, e peculiaridades não podem ser igualadas só porque todas essas pessoas foram processadas com base no mesmo dispositivo do Código. Às vezes, uma pessoa furta por estar com fome, outras por puro mau-caratismo mesmo, e há situações em que a pessoa processada nem cometeu a conduta, mas, mesmo assim, foi condenada. Mais uma vez, cada caso é uma história diferente.

No sistema penal, o que fazemos? Para todas essas condutas muito diferentes (de homicídio até danificar planta ornamental) é oferecida a mesma reação – a pena privativa de liberdade. A diferença é apenas a "dose": para umas, mais pena; para outras, menos. Em alguns casos, o regime inicial é o fechado; em outros, o aberto ou o semiaberto. Em algumas situações, demora mais ou menos para progredir de regime.

No entanto, para fazer uma analogia do quanto é insano tentar resolver todos os problemas com uma única medida, vamos usar, mais uma vez, a ótica da medicina: não se podem tratar todas as doenças com o mesmo remédio, só mudando a dose ou a frequência que você o toma. Não fazemos isso com a nossa saúde, mas fazemos isso com a segurança pública.

Durante a história da criminologia, especialmente com os estudos a partir da década de 1960, muitos criminólogos evitaram e evitam usar a palavra *crime*, considerando que essa palavra limita a questão a um fenômeno jurídico. Além disso, a intenção era estudar o problema na forma como ele existe na sociedade, como fenômeno social, independentemente de como o direito vai observar e codificar a situação (Bergalli; Ramírez; Miralles, 1983).

De acordo com Hillyard e Tombs (2007), esses criminólogos tinham também a intenção de evitar a ideia de que todas as condutas que causam dano social profundo se convertem legalmente em crimes, pois, para eles, nem todas as condutas socialmente graves são crimes; e nem todos os crimes previstos na lei são socialmente graves. É por isso que os estudiosos preferiram expressões como *desvio* ou, mais recentemente entre os grupos europeus, *dano social*.

Nesse contexto, ao longo da história da criminologia, os pensadores que procuraram quebrar muitos dos preconceitos colados na palavra *crime* passaram a usar expressões que ainda não estavam tão contaminadas. Só que, para chegar a esse nível, é preciso entender muitas outras coisas na criminologia, e consideramos que fazer esse salto com quem está começando os estudos nessa área pode prejudicar a compreensão desses fenômenos. Então, já que nosso foco principal são os primeiros passos, ainda continuaremos usando a palavra *crime* para descrever o problema social por trás do conceito legal – para evitar uma ruptura linguística muito radical logo de início, mas deixamos a provocação. No entanto, ainda que continuemos a chamar o problema de *crime*, deve-nos ficar claro que o crime é um problema social como tantos outros. É socialmente problemático que uma pessoa espanque outra, ou pegue seu patrimônio; é igualmente problemático que pessoas passem fome ou não tenham acesso a saneamento básico.

Nesse sentido, o crime, como todo e qualquer problema social, exige uma reação, uma tentativa de responder à questão e buscar solucioná-la. Só que, se o problema é social, a reação também é social. Esse conceito de *reação social* vale ser ressaltado, porque, além de importante para a criminologia, é por meio dele que os criminólogos tentam escapar da ideia de que a pena seja a única forma possível de se reagir ao crime. **A pena é a resposta jurídica ao crime, mas a reação social é muito mais ampla**.

Vale pensarmos, ainda, que, na maior parte das vezes, simplesmente ignoramos o crime. Pense em sua reação quando algum conhecido conta que pegou um atestado médico falso para justificar uma falta no trabalho; ou que tomou alguns copos de cerveja e voltou para casa dirigindo. De outro lado, existem respostas sociais que são muito mais violentas do que o direito, como os casos de linchamentos, em que pessoa suspeita de praticar um delito é torturada e espancada até a morte. Isso significa que a reação jurídica ao crime é apenas uma entre tantas outras reações sociais possíveis: dentro do direito, fora do direito e em zonas cinzentas (quando as próprias agências do Estado reagem de modo que a lei formalmente não autoriza).

— 2.1.1 —
Criação e aplicação de regras: o processo de criminalização

Existe uma tendência, bastante incorporada ao senso comum, de associar que aquilo que define o criminoso é a prática de crimes. Você pode estar se perguntando: Mas não é isso que define o criminoso? A resposta é "não". O que faz um criminoso não é sua conduta individual ou uma característica natural dessa conduta, mas sim a **relação que atribui a essa pessoa o rótulo de *criminoso***. É um processo social entre o rotulado e instituições sociais responsáveis por atribuir esse rótulo (Sack, 1974).

Vamos imaginar que, se a pessoa se transformasse automaticamente em um delinquente a partir da prática de um delito, todas as pessoas que tenham cometido uma conduta definida como crime teria imediatamente o rótulo. Isso valeria inclusive para aqueles delitos praticados e jamais descobertos. É como se alguém dirigisse embriagado do bar até sua residência sem qualquer problema no meio do caminho, fosse dormir e, no dia seguinte, acordasse "diferente". Os demais integrantes da sociedade "como um passe de mágica" tratariam esse indivíduo com rejeição e buscariam sua punição. Sabemos que isso não ocorre; muitos crimes praticados e não descobertos também não mudam a percepção social sobre a pessoa que cometeu a conduta.

Em diversos casos, mesmo quando conhecidos, não geram uma reação negativa das pessoas. Imagine a pessoa contando para os amigos que bebeu tanto em determinado dia, voltou dirigindo para casa e sequer se recorda como chegou. Algumas pessoas poderiam oferecer uma reprovação moral, afirmando que se tratou de uma enorme irresponsabilidade; outros podem até rir e tornar essa história em uma piada interna desse grupo social, contada em tom jocoso nas próximas reuniões. Seja a reprovação moral, a piada ou qualquer ponto intermediário, uma coisa é certa: a pessoa que praticou a conduta não será tratada como criminosa. O fato é objetivamente um crime definido em lei (art. 306 do Código de Trânsito Brasileiro, Lei n. 9.503, de 23 de setembro de 1997), mas, ainda assim, a pessoa não é tratada como criminosa.

Se está pensando: "Ah... mas essa conduta não é grave como <insira aqui algum delito envolvendo formas de violência física ou contra o patrimônio privado>". Se você pensou algo parecido, intuitivamente já notou que alguns crimes têm uma percepção social diferente de outros; uns são considerados mais graves, outros, mais leves, e muitos (como danificar planta ornamental) geram reações de espanto quando se descobre que se trata de um crime. Para deixar as coisas ainda mais complicadas, não existe uma régua natural que mede o nível de gravidade de um delito, **isso também depende da relação entre as pessoas e a conduta**, algo que varia no tempo, entre culturas e até dentro de diversos grupos em uma mesma sociedade.

Para saber mais

Um dos primeiros autores a questionar esse ponto foi Sutherland (1983) em uma obra intitulada Crime do colarinho branco. O livro, que deu origem e popularizou a expressão hoje amplamente usada, parte da ideia de que pessoas de grupos econômicos privilegiados também praticam delitos, mas que **esses crimes são diferentes**. A diferença não está na própria conduta, mas na **forma como a sociedade percebe o fato e as pessoas envolvidas** (Sutherland, 1983).

Mas devemos tomar cuidado com o uso do conceito de Sutherland, pois, exatamente por entender que há uma percepção social que não atribui rótulos negativos às pessoas e às condutas, o autor não trabalha com a definição formal de crime, ou seja, que somente é crime aquilo que a lei define como crime. Como as relações de poder econômico dificultam (quando não proíbem) que essas condutas sejam previstas como crimes, Sutherland (1983) precisou lançar mão de um conceito material, ou seja, a partir de características externas à formalidade da lei. O autor argumenta que, mesmo não tipificados, os crimes do colarinho branco reúnem todos os elementos que ele entende necessários para tal, como ser uma conduta desleal, altamente lesiva à sociedade etc. (Sutherland, 1983). Note que, até para tratar dessas condutas como se fossem crimes, há uma dificuldade argumentativa maior.

O que conhecemos como *crimes do colarinho branco* são os crimes que não costumam aparecer nos dados estatísticos carcerários e, portanto, são ignorados em estudos que pretendem usar um método científico e partir de "fatos", como na ideia do positivismo criminológico. Contudo, os acadêmicos que assim procedem não reparam que a própria estatística criminal já apresenta um viés intransponível, pois depende da atuação das agências de controle e deixa muita coisa invisível.

Sutherland (1983) tem consciência de que é crime apenas aquela conduta tipificada em lei e para a qual se prescreve uma sanção, mas as violações comerciais, formas de fraudes com relação ao consumidor, propagandas enganosas, práticas nocivas com os empregados etc. não têm, muitas vezes, uma definição específica na lei penal. O autor nota, no entanto, semelhanças com crimes comuns, como extorsões comparadas com práticas de monopólio; propaganda enganosa e o estelionato; práticas trabalhistas desleais e a prisão civil por inadimplemento de verbas alimentares (Sutherland, 1983).

Para ele, como essas condutas são mais complexas (envolvem a atuação de várias pessoas e até a vítima tem dificuldade de se sentir lesada), não têm a mesma percepção de agressões facilmente individualizáveis, como homicídios, furtos ou sequestros. Vale ressaltar que a questão não é a gravidade da lesão, pois tanto nas violações de grande soma econômica, afetando diretamente a economia nacional, quanto nos casos de inúmeras pequenas fraudes aos consumidores, que, juntas, formam uma quantia considerável, a sociedade como um todo é afetada. Apesar disso, a percepção não tem o mesmo grau de rejeição de condutas criminosos tradicionais nos noticiários (Sutherland, 1983).

Importante!

Três fatores são apontados por Sutherland (1983) para explicar o tratamento diferenciado que recebem os grandes empresários:

1. **Status do empresário:** *muitos agentes políticos buscam não criar obstáculos a interesses empresariais por um duplo fator, que envolve medo e admiração. Esses políticos que estão no poder evitam certo antagonismo, pois muito dos financiamentos de campanha para eles e seus partidos estão diretamente ligados à boa relação mantida com o empresário.*

2. **Poder de barganha dos grandes conglomerados empresariais:** *esses conglomerados podem enviar representantes ao Congresso para que atuem diretamente na criação de leis que sejam a favor de seus interesses (aumentando as vantagens) ou na imposição de óbices a regras desinteressantes (buscando diminuir as desvantagens), atitude que as pessoas que incidem em crimes comuns não podem tomar. Os procedimentos que têm o objetivo de perseguir as condutas nocivas de grandes empresas são, não raro, afastados do âmbito penal e jogados para o campo civil.*

3. **Possibilidade de organização da consciência social:** *a formação da opinião pública é, em larga escala, feita pelos meios de comunicação de massa, os quais são financiados*

exatamente pelas propagandas comerciais, pagas por grandes empresas. Além disso, a visão de mundo e as crenças quanto à realidade social são compartilhadas não apenas entre os empresários, mas com os profissionais responsáveis pela criação e aplicação das normas jurídicas (Sutherland, 1983).

Se os canais de informação em massa fechassem o cerco em torno de quem financia suas atividades, eles também iriam à falência (sem contar que, obviamente, os veículos de comunicação são também grandes empresas). Desse modo, as consequências são mais brandas para esse grupo quando se direciona a atenção para grupos socialmente desfavorecidos, pois eles não são responsáveis pelo financiamento das empresas de comunicação, bem como, muitas vezes, sequer consomem as mercadorias ali anunciadas. Por isso, Sutherland (1983) afirma que faz sentido ser a opinião pública pouco estruturada acerca dos crimes empresariais, pois os veículos de informação são também empresas; do mesmo modo que a percepção social sobre os furtos seria diferente se os ladrões fossem a principal fonte de informação sobre os crimes patrimoniais.

O exemplo do crime do colarinho branco é interessante porque evidencia que existem variações muito grandes na forma como reagimos a condutas e a pessoas em sociedade. Algumas condutas brandas podem ter uma profunda rejeição, e ações socialmente lesivas podem ser incentivadas como positivas (por exemplo, priorizar lucro de acionistas, mesmo quando isso significa demitir centenas ou milhares de trabalhadores). De igual modo, algumas pessoas podem ter uma enorme rejeição apenas por aquilo que representam; outras podem cometer condutas verdadeiramente bárbaras (como enaltecer a prática de tortura) e ser tratadas como um mito.

De acordo com Bergalli, Ramírez e Miralles (1983), esses questionamentos entraram em um caminho sem volta com as produções teóricas da sociologia do desvio. Uma das principais contribuições dessa linha teórica veio de Howard Becker (1967, 1991), para quem o rótulo de *desviante* (ou seja, aquela pessoa que viola regras do grupo social de que participa) depende diretamente da relação de atribuição (dizer, apontar o que é crime e quem é o criminoso).

O ponto de partida de Becker (1991) foi entender que o crime é criado pela sociedade, mas, vale ressaltar, que sem o referencial positivista; ou seja, ele não quer dizer que as condições sociais estimulam ou provocam indivíduos diferentes que não conseguem resistir a esses impulsos naturais e acabam sendo levados a cometer crimes. A questão é muito mais profunda.

> Como é, de acordo com as construções do modelo penal vigente, essencial a existência de uma previsão normativa anterior que defina a conduta típica, princípio bastante repetido pela dogmática penal, o crime é criado pela lei. Repete-se de forma enfática: o crime é constituído pela lei e não por ela

declarado, como se existisse uma essência ontológica "pairando no ar" e aguardando o pronunciamento de uma espécie de oráculo legislativo. (Motta, 2010, p. 147)

Depois da definição da regra, ela é aplicada a pessoas concretas e **é essa aplicação que finaliza o processo que ressignifica a percepção social de alguns como criminosos.**
De tais constatações, Becker (1991, p. 9, tradução nossa) afirma que "desvio não é uma qualidade do ato que a pessoa comete, mas antes uma consequência da aplicação por outros de regras e sanções a um 'ofensor'. O desviante é aquele a quem este rótulo foi aplicado com sucesso; comportamento desviante é comportamento que as pessoas assim rotulam". Essa passagem do pensamento de Becker é um dos trechos mais citados em criminologia, exatamente pela transformação profunda que ele simboliza[1]. A percepção de que o processo de criação de

---

1   Isso não significa afirmar que ele foi o primeiro a notar esses elementos. O próprio autor atribui a Frank Tannenbaum (*Crime and the community*), Edwin Lemert (*Social pathology*) e John Kitsuse (*Societal reaction to deviance*) o fato de terem-no antecedido. O interessante, nessa passagem inicial da obra de Becker, é o fato de organizar de forma tão sintética a contraposição de postulados fundamentais do positivismo criminológico (sociedade como grupo harmonicamente organizado; regras frutos desse consenso; desvio como problema individual; e existência de uma "natureza" desviante nos atos assim enunciados) a elementos básicos da orientação do etiquetamento (grupos sociais constroem o desvio; há um processo de interação social na atribuição do rótulo de desviante a uma pessoa; o desviante como aquele a quem foi com sucesso realizado esse processo social de atribuição da etiqueta). É exatamente este "olhar para o outro lado" que estão a fazer os autores desse período ao declarar que têm o interesse de mudar o foco da pesquisa: "de formas do comportamento desviante para os *processos pelos quais pessoas vêm a ser definidas como desviantes por outros*" (Kitsuse, 1962, p. 248, tradução nossa, grifo do original).

crimes e criminosos é externo ao indivíduo rotulado muda bastante a percepção tradicional do fenômeno.

Essa trajetória deu origem à categoria do **processo de criminalização**, que pode ser definido como: **o conjunto de relações sociais que resulta na criação e na aplicação de regras penais a condutas e indivíduos, respectivamente**. Cada uma dessas etapas corresponde a uma grande fase do processo de criminalização:

- **criminalização primária**: o processo de criação da regra;
- **criminalização secundária**: o processo de aplicação da regra.

Existem autores que incluem a fase de execução penal em uma nova etapa desse processo, que chamam de *criminalização terciária* (Baratta, 2002). Compartilhamos do entendimento desses autores, pois o percurso de institucionalização, aplicação de mecanismos disciplinares, como continuidade de um processo de estigmatização e exclusão, tudo isso apresenta peculiaridades próprias e se insere em um grande contínuo do controle social. No entanto, como a finalidade deste texto é servir de um passo inicial nos estudos da criminologia, faremos a opção de não agravar a complexidade da análise neste momento.

Na criminalização primária, estamos lidando com a criação de uma categoria abstrata e podemos fazê-lo ao "infinito" (basta uma ideia, um pedaço de papel e um corpo legislativo para aprovar). Essa criação da norma inventa uma categoria criminosa abstrata, ou seja, tem-se homicídio, estupro, sequestro. A norma jurídica não aponta para a conduta real da pessoa X, no dia Y e com as circunstâncias Z; ela apenas descreve abstratamente a ação (por exemplo, "matar alguém" é crime de homicídio). Desse modo, podemos considerar que a criminalização primária não é composta apenas pelo processo legislativo feito no Congresso Nacional, pois trata-se de algo mais amplo e com contribuições de uma série de instituições sociais externas ao Poder Legislativo. Além disso, esse é apenas o primeiro passo, porque, uma vez produzida a regra, a criminalização secundária precisa de uma grande estrutura para a aplicação dessas normas (Becker, 1991).

Por isso, para compreender adequadamente o processo de criminalização, é necessário entender também quais são as instituições sociais responsáveis por criar e aplicar essas regras. Esse ponto nos conduz ao tema do sistema de justiça criminal.

— 2.1.2 —
Sistema de justiça criminal: instituições de criação e de aplicação de regras

Até este ponto, usamos as expressões *sistema de justiça criminal* ou *sistema penal* sem grandes esclarecimentos sobre seu significado. Mas é preciso salientar que o processo de criminalização não ocorre de modo automático; diversas relações sociais são necessárias para a efetiva criação e aplicação de rótulos de *desviante* a pessoas concretas. À medida que essas relações vão sendo consolidadas, formam-se verdadeiras instituições que concentram, em maior ou menor medida, o papel de criar e aplicar normas penais. O conjunto dessas instituições é o que chamamos de *sistema de justiça criminal*.

Para compreender o tamanho e a extensão dessa estrutura, trabalharemos com o conceito formulado por Andrade (2007), que separa o sistema penal em quatro dimensões: normativa, instrumental, simbólica e integrativa.

Dimensão normativa

A dimensão normativa envolve todo o conjunto de instituições de produção de normas, desde aquelas que regulamentam agências em sua atuação penal até aquelas que instituem (criam) crimes e penas. A maior parte dessa dimensão é composta por produtos da atividade legislativa do Estado (leis ordinárias, normas constitucionais). Essa atuação não é feita apenas pelo Poder Legislativo (apesar de ser a face mais visível), porque outros Poderes também têm competência para emissão de normas e, no campo do processo de criminalização, há alguns exemplos bastante importantes no Poder Executivo. Como exemplo, podemos citar os decretos para a regulação prisional ou o poder discricionário da Polícia Militar para fazer a gestão de Unidades de Polícia Pacificadora (UPP) na cidade do Rio de Janeiro.

Dimensão instrumental

Nesse caso, *instrumental* refere-se à ferramenta (instrumento) para a aplicação das regras penais. Sem essa dimensão, as normas não ganham vida, porque ficam limitadas a uma ordem administrativa ou legislação escrita. O sistema de justiça criminal, mesmo se restrito a esse momento oficial de aplicação concreta da lei penal, é assustadoramente grande, um verdadeiro "sujeito monumental (em abrangência e poder)" (Andrade, 2007, p. 56), e ampliar as leis penais ao seu campo de incidência implica, a princípio, aumento de todo esse aparato.

Podemos exemplificar isso com a implantação da Lei Maria da Penha (Lei n. 11.340, de 7 de agosto de 2006), que tem como finalidade transformar a proteção jurídica em torno das violências doméstica e familiar contra a mulher. Após sua aprovação pelo Poder Legislativo e sanção presidencial, foi indispensável o financiamento e a diligência públicos para a contratação ou formação de profissionais especificamente capacitados para lidar com essa forma de violência, bem como para a criação de uma série de instituições públicas especializadas, por exemplo, delegacias, varas criminais e assim por diante. Mesmo passados mais de 15 anos da promulgação da lei, a estrutura ainda não foi plenamente implementada e demanda um processo contínuo de investimentos públicos na política de proteção à mulher (que é muito mais ampla do que apenas sua dimensão criminal).

A dimensão instrumental, nesse sentido, abarca instituições como

> polícia ostensiva (com delegacias e seus tão utilizados espaços de detenções "provisórias", carros, meios de comunicação, armas de fogo, etc.); polícia de investigação (semelhante ao policiamento ostensivo); Ministério Público (com promotores, assessores, instrumentos de trabalho de gabinete, uma gigantesca rede de funcionários para movimentações processuais); Poder Judiciário (com magistrados e assessoria, cartórios e toda a gestão aí necessária, etc.); o aparato de execução penal (com penitenciárias, casas do albergado, alas de segurança máxima ou não, espaços destinados para homens e outros separados para mulheres – bem como todas as especificidades, como quartos de encontros íntimos, estrutura para sentenciadas gestantes ou em fase de amamentação –, sem contar com o imenso plantel de funcionários com as mais variadas formações). (Motta, 2010, p. 148)

As duas dimensões (normativa e instrumental) constituem o que é chamado de *sistema de justiça criminal em sentido estrito*. Essa definição é mais limitada, pois envolve apenas as instituições oficiais de Estado e, portanto, corresponde à sua faceta mais visível. Mesmo em sentido mais reduzido, o sistema de justiça criminal aparece já neste momento como construção de proporções gigantescas, porém, com um detalhe relevante: tudo remete à esfera estatal, passando pelos Três Poderes (Executivo, Legislativo e Judiciário); todos os seus erros e acertos são percebidos publicamente como de responsabilidade do Estado e, portanto, as pessoas que não são funcionários públicos dessas agências percebem-se moralmente externos à atuação penal (Andrade, 2012).

Dimensão simbólica

É problemático limitar o sistema penal apenas às instituições oficiais, pois essa ótica ignora o fato de que diversas outras instituições sociais contribuem profundamente para o processo de criminalização.

> A dimensão *simbólica* do Sistema de Justiça Criminal expande seu sentido e alcance para abarcar não apenas o espaço penal estritamente formal e estatal, tendo como objetivo mostrar que nenhuma estrutura pública é construída e sustentada sem um aparato simbólico que a justifique e a reproduza. Há, portanto, todo um universo de ideias e noções que mantém e justifica a atuação penal como a conhecemos. Não se trata unicamente dos saberes acadêmicos produzidos pelas ciências criminais, pois a influência destes costuma aparecer com mais clareza no campo judiciário (com utilização tendente a reforçar um determinado entendimento de advogados, promotores ou juízes em seu exercício profissional). (Motta, 2010, p. 66, grifo do original)

Sem dúvida, o discurso dogmático penal tem alcance reduzido, mas cumpre um papel relevante de justificação da atuação dos agentes do sistema penal oficial (policiais militares e civis; agentes penitenciários etc.). A dimensão simbólica é muito mais do que isso, passando pelas construções do senso comum punitivo, as quais são compartilhadas e reproduzidas também entre pessoas não envolvidas tão diretamente sobre a ação visível desse sistema; são os **discursos** das redes sociais, do jornalismo policial, dos amigos na mesa de bar, dos jantares em família. Tudo isso contribui para ampliar e legitimar o controle penal (criação e aplicação de regras) (Motta, 2010).

Dimensão integrativa

A dimensão integrativa é o fator que corresponde à ligação do sistema de justiça criminal com outras formas de controle social. Vamos considerar o seguinte: antes de saber o que é controle penal, vivenciamos, ao longo de nossa história, diversos outros mecanismos disciplinares, como a família, a escola, o trabalho, os círculos de amizade etc. Esses mecanismos, embora não façam parte do controle penal, integram-se a ele, compondo as várias formas de controle social que conhecemos. O sistema penal, nesse sentido, é apenas uma dessas etapas (Andrade, 2012).

Uma vez que compreendemos a amplitude do sistema penal oficial e sua relação com outras instituições sociais e justificação ideológica (dimensão simbólica) e controle social (dimensão integrativa), percebemos que o processo de criminalização é muito mais complexo do que aparentava à primeira vista.

Para saber mais ─────────────────────

Com base no exposto até aqui, podemos inferir que a criminalização primária não é limitada apenas pela atividade legislativa formal. Muitos casos também se convertem em leis penais em razão da repercussão que têm na comunicação social. Vejamos alguns exemplos das últimas décadas:

- A Lei da Ficha Limpa (Lei Complementar n. 135, de 4 de junho de 2010), que também tem impactos penais, foi um Projeto de Lei de iniciativa popular (Brasil, 2010).
- A Lei Maria da Penha (11.340/2006) foi criada porque a Corte Interamericana de Direitos Humanos condenou o Brasil pela omissão de uma resposta ao caso real de Maria da Penha (Brasil, 2006a; Fernandes, 2012).
- Em 2012, em virtude da situação que vitimou a atriz Carolina Dieckmann, foi sancionada a Lei n. 12.737, de 30 de novembro de 2012, que passou a criminalizar a invasão de dispositivo informático (Brasil, 2012).

A **criminalização primária** pode ser bastante complexa, influenciada pelo jornalismo, pelas redes sociais, pelos movimentos sociais, entre outros fatores. Invariavelmente, porém, será necessário o processo legislativo no Congresso, que é o último passo na conversão de uma conduta em crime, dentro de um processo social mais complexo.

A mesma lógica se aplica à **criminalização secundária**. Depois de criada a regra abstrata, é necessário aplicá-la, e o caminho da aplicação da regra é ainda mais complexo do que de sua criação. Observando apenas os órgãos oficiais do sistema penal, já temos a participação de diversas agências diferentes. A Polícia Militar é responsável pela fiscalização ostensiva e é, muitas vezes, a primeira instituição a aplicar a norma penal. Em seguida, a Polícia Civil tem a tarefa de investigar e levantar os dados iniciais para sustentar a acusação feita pelo Ministério Público, que, por sua vez, oferece a denúncia e participa do processo na qualidade de parte autora. Por último, o juiz é quem decidirá sobre a condenação ou não de alguém.

Perceba que, até que uma denúncia ou conduta chegue à decisão de condenação ou absolvição, já houve a atuação de diversas agências. Vale notar, entretanto, que a criminalização secundária não é limitada à atuação das agências formais, uma vez que pessoas externas às instituições oficiais de controle também contribuem para a aplicação do rótulo de *criminoso* a alguém. Isso pode ocorrer por meio de condutas muito simples, como ligar para a polícia para noticiar um crime ou ir à delegacia para pedir a lavratura de um boletim de ocorrência. Além disso, existem intervenções sociais mais amplas para a rotulação, como o jornalismo, especialmente os programas policialescos. Mais atualmente, as próprias redes sociais têm papel importante na construção da imagem de quem é criminoso e de quem não é. Por isso, o processo de criminalização não é limitado ao inquérito policial e processo judicial; o processo judicial é só um momento desse processo de criminalização.

Para finalizar, podemos sintetizar as duas principais categorias apresentadas nesta seção: definimos como *processo de criminalização* o longo percurso social que vai desde a criação de uma regra criminalizante (criminalização primária) até a efetiva atribuição do rótulo de *criminoso* a alguém (criminalização secundária); por sua vez, definimos como *sistema de justiça criminal* o conjunto de todas as instituições sociais (oficiais ou não) que contribuem para o processo de criminalização.

— 2.2 —
Algumas categorias fundamentais da criminologia da reação social

Essa profunda transformação na forma de conduzir os estudos criminológicos costuma ser sintetizada na ideia de uma **mudança de paradigma**, pois agora se trata de outra moldura teórica de referência.

> Com a expressão "mudança de paradigma" se descreve, por conseguinte, uma virada no objeto de estudo: de estudar o delinquente e as causas de seu comportamento (paradigma etiológico) estudam-se os "órgãos de controle social" que têm por função controlar e reprimir o desvio (paradigma da reação social). Esses órgãos de controle social abarcam desde assistentes sociais, até polícia, juízes, psiquiatras etc. (Pijoan, 1991, p. 28, tradução nossa)

> Essa ideia resume de forma ampla aquilo que vimos até agora. A criminologia, nesse referencial da reação social, não mais imagina que o crime e suas causas poderiam ser encontrados naturalmente em alguns indivíduos "estranhos", mas entende que o importante é voltar-se para as relações de criação e aplicação de regras, bem como para as agências responsáveis por esse processo de criminalização.

Essa mudança de paradigma também abriu caminho para a criação de uma série de ferramentas teóricas que permitem entender a questão criminal a partir desse novo olhar.

— 2.2.1 —
Seletividade

Conforme já estudamos, o sistema de justiça criminal envolve as instituições responsáveis pelo processo de criminalização. Agora, aprofundaremos um ponto que é central para entender essas categorias: embora nem sempre a área do direito proponha reflexões sobre esse tema, é fato que os processos legislativos são frequentemente permeados por disputas de poder, jogos de interesses, bem como acordos e trocas; para além disso, é fato também que classificar como *criminosa* uma conduta que antes não o era envolve processos de decisão. Levando em conta esses dois aspectos, sabemos que o processo que classifica determinadas condutas como *crime* nasce em contextos políticos complexos, jamais neutros ou representativos de interesses majoritários.

De igual modo, a aplicação da lei exige uma série de decisões. Por exemplo, a polícia militar precisa escolher onde passar com as viaturas; o delegado precisa decidir em quais casos instaura inquérito policial; o promotor decide as situações que devem ser denunciadas; o juiz decide sobre a continuidade do processo e o resultado do julgamento (condena ou absolve). Assim, a criação e a aplicação de uma lei penal são resultados de escolhas, decisões, seleções.

A necessidade de escolhas ocorre ao longo de todo o processo de criminalização, seja na criminalização primária (criação da norma), seja na secundária (aplicação da norma). Ao longo da criminalização primária, várias escolhas são feitas e elas vão além da simples decisão binária – se uma conduta deve ou não ser considerada crime. Uma vez decidido tornar crime uma conduta, é necessário estipular o intervalo possível de punição, a modalidade de pena, a proporção para progressão de regime, se é crime hediondo e as medidas cautelares autorizadas (no processo e na investigação).

Temos a tendência de acreditar que essa decisão segue um critério lógico: crimes mais graves têm penas mais severas; crimes mais brandos têm punições mais brandas. Essa narrativa de justificativa do sistema penal é encontrada inclusive nos materiais de formação acadêmica universitária.

> A proteção à vida, por exemplo, deve ser feita com uma ameaça de pena mais severa do que aquela prevista para resguardar o patrimônio; um delito praticado a título de dolo terá sua pena maior do que aquele praticado culposamente; um crime consumado deve ser punido mais rigorosamente do que o tentado, etc. A esta fase seletiva, realizada pelos tipos penais no plano abstrato, chamamos de *cominação*. É a fase na qual cabe ao legislador, de acordo com um critério político, valorar bens que estão sendo objeto de proteção pelo Direito Penal, individualizando a pena de cada infração penal de acordo com a sua importância e gravidade. (Greco, 2009, p. 71, grifo do original)

Todavia, essa predisposição a justificar e racionalizar o processo de criminalização oculta as reais tendências dessas escolhas, pois devemos considerar que a legislação é um espelho das ideologias dominantes em dado momento histórico e, por isso, atribui pesos diferentes a valores morais que também oscilam ao longo da história. Façamos um exercício reflexivo. Caso a ideia tradicional seja verdadeira, a conclusão mais direta é: Se a vida é tão fundamental, não só é um bem jurídico tutelado pelo direito penal como deve ser o mais fortemente protegido, correto? Agora, vamos direcionar o olhar para a legislação penal e testar essa hipótese.

- Homicídio – art. 121 do Código Penal (Brasil, 1940): é sancionado com pena de reclusão de 6 a 20 anos, e sua forma qualificada tem pena de reclusão de 12 a 30 anos.

- Lesão corporal seguida de morte – art. 129, parágrafo 3º, do Código Penal (Brasil, 1940): trata-se da hipótese de alguém querer praticar um ato de violência contra outra pessoa, mas sem a intenção de matar. No entanto, se mesmo sem a vontade de matar, o resultado morte acontece, o agente pode receber uma pena de reclusão de 4 a 12 anos.
- Latrocínio – art. 157, parágrafo 3º, inciso II, do Código Penal (Brasil, 1940): a pessoa pratica um ato de violência contra alguém e, dessa violência, a vítima morre (nesse caso, é irrelevante se a pessoa queria ou não o resultado morte). Entretanto, essa violência é um meio para subtrair o patrimônio privado da vítima. Significa que a vontade é efetivamente direcionada ao patrimônio privado, e não à violência. A pena prevista para esse crime é a mais severa do Código: reclusão de 20 a 30 anos e multa.

Vale notar que as condutas lesão corporal seguida de morte e latrocínio são praticamente iguais, com a diferença de que a primeira violência não se destina a obter vantagem patrimonial. Nos dois crimes, o resultado morte já está previsto, então a diferença (16 anos na pena mínima e 18 anos de pena máxima) não está na proteção da vida (já presente nos dois casos). Isso significa que o patrimônio privado, nesse caso, "vale mais" do que um homicídio qualificado (que tem pena mínima de 12 anos).

Não se trata de um exemplo isolado. A mesma intuição tradicional diria que a liberdade é um bem mais importante do que o patrimônio privado. Vamos fazer mais uma comparação:

- Sequestro e cárcere privado – art. 148, parágrafo 1º, inciso III, do Código Penal (Brasil, 1940): nesse caso, a conduta consiste em privar alguém de sua liberdade. Não há uma finalidade diferente, significa tirar a liberdade de alguém, porque se quer a vítima sem liberdade. Se o sequestro dura mais de 15 dias, a pena possível é de reclusão de 2 a 5 anos.
- Extorsão mediante sequestro – art. 159, parágrafo 1º, do Código Penal (Brasil, 1940): é a mesma conduta de privação da liberdade, mas nessa hipótese existe uma vontade de obter vantagem patrimonial. Basta a finalidade patrimonial, não importando se a vantagem é obtida. Por exemplo: se os sequestradores exigirem (mesmo que não recebam o pagamento) da vítima ou de sua família algum dinheiro, configura-se situação mais grave; se os sequestradores não exigirem dinheiro e privarem a vítima de liberdade só "de maldade", configura-se situação mais branda. Aqui, o envolvimento patrimonial encurta o tempo necessário para a qualificadora, bastando que o sequestro dure mais de 24 horas. A pena, nesse caso, é de reclusão de 12 a 20 anos.

Em ambos os casos, estamos lidando com a hipótese de privar alguém de sua liberdade, mas, no segundo crime, a vontade é direcionada ao patrimônio privado – é o único diferencial. Apenas a ameaça ao patrimônio (porque a obtenção da vantagem é irrelevante para a lei nesse caso) faz a pena mínima saltar de 2 para 12 anos (10 anos de diferença), e a pena máxima, de 5 para 20 anos (15 anos de diferença). Portanto, o patrimônio, nesse caso, "vale mais" do que um homicídio doloso e "vale" quase um homicídio qualificado. Todas essas diferenças são escolhas: foram decididas, selecionadas e redigidas na forma de lei. Contudo, a **seletividade** não é limitada à criminalização primária. Ao contrário, ainda mais escolhas precisam ser feitas para a aplicação das regras. Como já destacamos, a estrutura do sistema penal para a criminalização secundária, apesar de enorme, é insuficiente para a realização das mais de 1.600 condutas previstas como crime em nosso ordenamento.

Com a disparidade entre poder legislativo criativo e aparato concreto para execução das leis, uma nova seleção deve ser feita: é necessário optar quais normas penais devem ser cumpridas prioritariamente, em detrimento da aplicação de outras. Os aplicadores da regra não costumam estar profundamente preocupados com o conteúdo de certa lei a ponto de exercer juízos de valor sobre ela (a ponto de impedir sua aplicação), pois, em razão da divisão burocratizada do trabalho, a principal questão é o exercício puro e simples de sua função dentro da teia estrutural – reproduzindo os entendimentos interpretativos dominantes da instituição. Assim, uma das principais finalidades nas atuações das agências executivas não está em acabar com a "criminalidade" (pois perderia sua razão de ser), mas exatamente o contrário: justificar e reproduzir sua existência nutrindo a crença de que sempre há mais gente cometendo crimes, o que não raro implica sustentar a necessidade de expansão institucional. (Motta, 2010, p. 149)

Ao longo da criminalização secundária, vários filtros são aplicados pelas diversas instituições sociais de controle (Andrade, 2003a). De forma ilustrativa, podemos citar:

- Agências policiais: precisam escolher quando e onde fazer operações de fiscalizações, como uma *blitz* de trânsito, e também decidir sobre medidas mais amplas ou mais concentradas em algumas regiões das cidades. A Polícia Judiciária, por sua vez, precisa decidir quando e se serão instaurados inquéritos e quais investigações receberão um volume de recursos e atenção mais significativos.

- Ministério Público: com base no inquérito, deve decidir quem será ou não processado criminalmente (oferecendo ou não a denúncia). Pela carga simbólica hoje atribuída ao processo-crime, este já é uma sanção em si, com alto grau de estigmatização, uma vez que altera profundamente a percepção social sobre a pessoa. Também nessa etapa há aplicações de prisões cautelares, que são uma verdadeira inversão cronológica (a pena antes do julgamento) (Zaffaroni, 1998).

- Poder Judiciário: momento de natureza eminentemente judiciária, ocorre ao se condenar definitivamente a pessoa à sanção penal (principalmente a privativa de liberdade). Ao longo de todo o processo, a pessoa sendo criminalizada é submetida a várias escolhas do juiz, que vão desde a continuidade do processo até medidas restritivas diversas (prisões, monitoramento eletrônico e outras).

Em todos esses momentos (sem qualquer pretensão de esgotá-los apenas nessas agências oficiais), ocorrem escolhas sobre aquele que será ou não penalizado. Por isso, temos um importante ponto de virada com a categoria da seletividade. A visão tradicional, em um conceito equivocado, acredita que o criminoso é definido por aquilo que ele faz. No entanto, na prática, somente é classificada como *criminosa* aquela pessoa que recebeu o rótulo ao longo das várias etapas do processo de criminalização. E quem faz esse processo avançar não é o indivíduo selecionado, mas as agências que realizam a seleção (sistema de justiça criminal). Nesse sentido, a criação da criminalidade é feita pelas escolhas do sistema penal ao longo do processo de criminalização (seletividade).

Com base nisso, podemos concluir que não existe o crime ou a criminalidade em si, no sentido positivista; como se houvesse uma delinquência natural já na própria essência dessas pessoas "diferentes" da maioria normal. Pelo contrário, para a existência da criminalidade, é absolutamente necessária a atuação do sistema de justiça criminal. De acordo com Andrade (2003a, p. 205), "Consequentemente, não é possível estudar a criminalidade independentemente desses processos. Por isso, mais apropriado que falar da criminalidade (e do criminoso) é falar da criminalização (e do criminalizado)".

Preste atenção!

Seletividade *pode ser entendida como o conjunto de escolhas feitas pelo sistema de justiça criminal ao longo de todo o processo de criminalização. Considerando que nos dois níveis a atuação ocorre por meio de escolhas (opções), é possível concluir que o crime e a criminalidade são constituídos de forma seletiva. A seletividade, porém, é somente um dos lados da moeda.*

Sempre que escolhemos fazer algo, também escolhemos o que não fazer. Imagine, por exemplo, algum serviço de *streaming* de séries e filmes. Há uma quantidade enorme de opções, mas você tem uma quantidade finita de tempo; não pode assistir a tudo o que está disponível. Se escolher ver um filme com duração de duas horas, você estará impossibilitado de ver todos os outros filmes nesse mesmo período. Logo, selecionar um significa escolher não ver todos os demais.

A lógica do sistema penal é a mesma. Sempre que seleciona pessoas para a criminalização, deixa de fora todas as demais. É claro que isso faz surgir uma pergunta muito importante: Quais são essas condutas e quem são essas pessoas que ficam de fora da seletividade?

— 2.2.2 —
Cifra oculta da criminalidade

Existem momentos, quando se trabalha com dados, em que o cientista precisa parar, dar dois passos atrás e se perguntar: O que não estou vendo nessas informações? Isso porque todas as vezes que o olhar é direcionado a algum lugar, muitas coisas ficam fora do campo de visão. E ter consciência daquilo que os dados escondem é tão importante (ou mais) do que saber o que os números informam.

Ao trabalhar com os dados do sistema penal, os positivistas cometeram uma terrível falha metodológica e, até hoje, a ilusão permanece viva no imaginário do senso comum punitivo. Como o método positivo pretende trabalhar a partir de dados/fatos para a aplicação de método experimental, de observação e explicação causal, esses cientistas acreditaram encontrar nas estatísticas criminais um espelho da criminalidade. Para que isso fosse verdade, contudo, seria necessário que a totalidade dos crimes praticados em uma sociedade fosse integralmente conhecida, processada e julgada. Além disso, seria indispensável que não houvesse "falso positivo", ou seja, que nenhum inocente fosse processado ou condenado.

Só com essas primeiras duas ideias, o problema já fica evidente. Para entender todos os desdobramentos dessa categoria, vamos precisar delimitar alguns fenômenos. Façamos a separação entre três formas de criminalidade (Castro, 1983):

1. **Criminalidade legal**: é aquela assim considerada por ter atingido os critérios legais para a atribuição de culpa. No caso da legislação brasileira, encontramos a definição no art. 5º, inciso LVII, da Constituição Federal: "ninguém será considerado culpado até o trânsito em julgado de sentença penal condenatória" (Brasil, 1988), ou seja, só é criminoso aquele que foi condenado e cuja decisão judicial transitou em julgado (leia-se, a decisão de condenação se tornou imutável dentro daquela relação processual).
2. **Criminalidade aparente**: envolve todos os fatos potencialmente delitivos que chegaram a conhecimento das agências oficiais de controle (polícias, Ministério Público, Poder Judiciário). Ela é assim porque "aparece" para o sistema penal em sentido estrito. Nesse caso, trata-se de uma criminalidade potencial; aí estão misturados fatos que realmente correspondem a uma previsão legal de crime, bem como aqueles casos de inocentes investigados e(ou) processados.
3. **Criminalidade real**: refere-se à totalidade de todos os fatos-crimes que realmente ocorrem na sociedade. E quando aludimos a "todos", estamos falando literalmente de todos. Não são apenas os delitos do noticiário, não são apenas os violentos, não são apenas aqueles que fazem parte do imaginário do senso comum punitivo.

Vamos elaborar melhor nosso pensamento acerca das duas últimas categorias. No que diz respeito especificamente à **criminalidade aparente**, é preciso considerar que mesmo os fatos efetivamente criminosos que chegam a conhecimento das agências oficiais podem ser internamente ressignificados e expulsos da lógica penal. É como se o sistema penal tomasse conhecimento da conduta e afirmasse: "Isso não é um crime, está fora da minha área de atuação".

Para saber mais ───────────────────────

Há uma cena bastante interessante do filme Tropa de Elite *que expressa muito bem essa capacidade de o próprio sistema penal ressignificar um fato que seria, a princípio, delitivo para uma situação externa à área penal. Nela, o personagem André Mathias teria feito um levantamento das ocorrências noticiadas em um período em áreas de competência do batalhão da Polícia Militar (PM) do qual ele fazia parte. Apresentando o resultado para seu superior hierárquico, ele é imediatamente repreendido, porque os números gerariam problemas se apresentados ao Comando da PM. De forma bastante icônica, dois pontos são questionados: em primeiro lugar, corpos encontrados na área de atuação do batalhão deveriam ter sido removidos e jogados em área de outro batalhão. Isso indica a maleabilidade de mudar o local de ocorrência de um fato, diminuindo a "estatística criminal" de uma área e inflando a de outra. O segundo ponto questionado é o enquadramento que o soldado Mathias fez de um corpo encontrado na praia.*

> Segundo o personagem, como havia perfuração de projéteis de arma de fogo, tratar-se-ia de um homicídio (portanto, crime). O coronel, porém, retruca indicando que "corpo encontrado na praia é afogamento". Essa ideia é extremamente simbólica, pois mostra a facilidade de ressignificar um fato-crime (homicídio) para uma morte acidental (afogamento). Com isso, uma ocorrência, mesmo chegando a conhecimento da agência de controle, é expurgada do sistema penal e jogada para um campo externo.
>
> TROPA de elite. Direção: José Padilha. Brasil: Universal Pictures, 2007. 118 min.

O Brasil tem um profundo problema com fatos que seriam formalmente crimes, mas as agências penais, por controlar a narrativa, conseguem transfigurar a situação para uma hipótese de legítima defesa. Há muitos casos de atuações policiais em que possíveis execuções (logo, crime de homicídio) são relatados pelos agentes envolvidos como situação em legítima defesa. A história costuma seguir um mesmo roteiro: a viatura chega ao local de uma ocorrência, é recebida com disparos de arma de fogo e, durante o confronto, os criminosos são mortos pelos agentes que se defendem. Contudo, muitas vezes, ocorrem divergências entre a versão do relatório e as lesões encontradas nos laudos de exame cadavérico ou a versão narrada por testemunhas. Mesmo nas hipóteses em que inquéritos são instaurados, o Ministério Público promove o arquivamento (por falta de provas) e resta validado pela decisão judicial (D'Elia Filho, 2015). Isso demonstra que o problema não é especificamente da Polícia Militar, mas uma validação conjunta das agências oficiais do sistema penal.

D'Elia Filho (2015) analisou, na cidade do Rio de Janeiro, um total de 314 inquéritos envolvendo essa narrativa dos autos de resistência. O autor nota, em primeiro lugar, que é frequente a inexistência de versões conflitantes da narrativa; que a única exposição vem dos próprios agentes envolvidos no fato, algo que expressa um problemático controle da narrativa, já que morto não conta história. Por se tratar de uma versão apresentada por agentes públicos, há uma forte tendência de que as demais agências oficiais (como o Ministério Público) apliquem uma "presunção de legitimidade da ação" (D'Elia Filho, 2015, p. 144).

A estrutura da narrativa e a validação entre instituições formam um padrão bastante comum. Um dos principais mecanismos é a desumanização da vítima a partir de dois elementos:

1. estigmatização da favela (lugar dos fatos) como inerentemente perigosa;
2. estigmatização do indivíduo como traficante de drogas (conduta inerentemente perigosa).

A combinação desses dois elementos permite a retirada de qualquer senso crítico na apuração dos fatos; as investigações são pouco minuciosas e o Ministério Público raramente solicita diligências adicionais, saltando direto para o pedido de arquivamento. Mesmo quando as circunstâncias apuradas são contraditórias com situação de perigo (por exemplo, vítima executada enquanto dormia), o combo (favela + tráfico) automaticamente inverte o agente policial para a posição de vítima, e o morto, para a condição de agressor (que passa a ser investigado durante o inquérito) (D'Elia Filho, 2015). Assim, o padrão dos autos de resistência (e que repercutem nas estatísticas criminais) não é respaldado nos fatos, mas conjuntura que circunda a condição de vida da vítima. O elemento essencial da legítima defesa, que é a injusta agressão, é presumido e "não se encontra numa ação de resistência, mas sim em uma condição de vida em territórios pobres, a justificar a própria morte dos indignos" (D'Elia Filho, 2015, p. 194).

Tudo isso demonstra a enorme dificuldade de se trabalhar com as estatísticas criminais, porque apenas um número muito pequeno de casos chega ao conhecimento das agências de controle e, em muitas situações, mesmo quando a informação vem a conhecimento das instituições oficiais, podem acabar ressignificados como fato não criminoso. Nesse último caso, a situação que é transfigurada e expulsa da esfera penal é conhecida como *zona cinza da criminalidade* (Kunz, 1998).

Importante!

A **criminalidade real**, por sua vez, significa todas as condutas que se encaixam em alguma das mais de 1.600 previsões legais de nosso ordenamento. É o dano à planta ornamental, o uso de documento falso na declaração de imposto de renda, o jeitinho de o empregador declarar um salário menor do empregado para pagar menos impostos, a direção de veículo automotor após alguns copos de cerveja, a ofensa proferida em um comentário de rede social, o troco a mais recebido no mercado e não devolvido, o coxão duro vendido como se fosse picanha, a cópia não autorizada de músicas, filmes e séries na internet etc. O volume dessas condutas é potencialmente enorme e, na maior parte, desconhecido.

Quando falamos em **cifra oculta da criminalidade**, estamos nos referindo a esses números desconhecidos; é a parte da criminalidade que acontece, mas não chega a conhecimento das agências de controle (pelos mais variados motivos). Assim, "a diferença entre a criminalidade real e a aparente seria, pois, dada pela cifra negra" (Castro, 1983, p. 68). É como se fosse a "estatística fora da estatística", são os crimes que acontecem e não aparecem no radar do sistema penal oficial como tal.

A ideia de cifra oculta pode ser intuída como fizemos. É fácil saber que nem todos os crimes são conhecidos pelas agências oficiais. Entretanto, como é possível trabalhar com aquilo que não se conhece? A busca pela estimativa da cifra oculta tem uma importância secundária. Essa categoria, mesmo que não se saiba sua extensão, serve para algo mais importante: **ela demonstra o erro de equiparar as estatísticas oficiais (criminalidade aparente) à criminalidade real.** Portanto, é um profundo equívoco metodológico acreditar que os dados prisionais, os dados processuais ou as informações sobre inquéritos policiais sejam uma imagem (ainda que por aproximação) da **criminalidade real**.

Os dados oficiais não são sequer parecidos com a criminalidade real, porque há centenas de delitos previstos na lei que ocorrem na prática e sequer chegam a ser noticiados; são fatos que estão à nossa volta constantemente e não são percebidos com o estigma do crime. Não raro, as pessoas nem sabem que aquela ação é legalmente prevista como crime. Isso significa que as estatísticas criminais (**criminalidade aparente**) não podem ser usadas como meio de inferir ou estimar a **criminalidade real**. E esse erro é cometido o tempo todo; é frequente as pessoas associarem que as notícias jornalísticas ou os dados oficiais sejam um indicativo da criminalidade real.

A tendência de cometer esse erro (muito comum entre os positivistas) está em buscar uma referência aparentemente objetiva para basear os estudos e as conclusões desses autores. Em razão da necessidade de conferir peso retórico e uma suposta "cientificidade" aos estudos relacionados à criminalidade, muitos dados estatísticos dos aparatos policiais e carcerários foram utilizados. Com base neles, partia-se da premissa de que ali estava a totalidade dos criminosos, mas algumas pesquisas começaram a perceber que isso poderia não ser bem verdade.

Várias tentativas já foram feitas para tentar estimar a extensão da cifra oculta. Hulsman e Celis (1993), por exemplo, apresentam uma pesquisa Alemanha na qual foi constatado que, de oitocentos casos ocorridos em determinada empresa e que poderiam ser criminalizados, apenas um o foi. Isso significa que, em estimativa, é possível considerar que, dos atos tipificados que realmente ocorrem, apenas uma pequena parcela chega a conhecimento do aparato público com competência para encaminhar o trâmite penal e, dos que chegam, menos ainda são processados e julgados[12].

Fica abalada a ideia de que o crime seria uma conduta terrível e que desestrutura a sociedade, pois há um volume enorme de condutas fora do radar social, mas que são crimes. O que demonstra que a regra é a tolerância e a convivência das pessoas com o crime, e não o contrário.

De uma forma mais profunda, pode-se dizer que é a ideia mesma, é a própria noção ontológica de **crime** que fica abalada. Se uma enorme quantidade de fatos teoricamente passíveis de serem enquadrados na lei penal não são **vistos** ou não são **avaliados** como tal pelas supostas vítimas ou pelos agentes do

---

2 Hulsman e Celis (1993, p. 66) citam uma pesquisa sobre vitimização que segue nos seguintes termos: "foi perguntado a pessoas que participaram destas pesquisas [...] se, durante um período determinado, foram vítimas de infrações; quais; da parte de quem; se apresentaram 'queixa', etc... [...] Do questionário constava: 'Você foi vítima de alguma agressão?' (o que no sistema penal se chama de 'lesões corporais') 'O autor era um estranho?' 'Alguém que você conhecesse?' 'Alguém da família?'. Ninguém respondeu afirmativamente a esta última pergunta, embora este tipo de situação seja bastante frequente [...]. Na negação da evidência, vi uma espécie de sinal: quando se trata de acontecimentos próximos, as pessoas não os colocam no registro 'criminalidade'". Algumas das negativas podem ser explicadas de outra forma: por medo de retaliação partindo do agressor ou por medo de não ser mantido o sigilo e a pessoa próxima ser criminalizada. No entanto, de fato, é muito mais comum a pessoa tolerar agressões de pessoas próximas, como um cônjuge (não entrando em questões como ameaças, "falta de alternativas" e o comum fatalismo existente), tentando uma espécie de perdão ao próximo por esse vínculo de *solidariedade*, do que com pessoas estranhas.

sistema pessoalmente alertados por denúncias concretas, isto significa que os fatos chamados pela lei de **crimes** (ou **delitos**) não são **vividos** como se tivessem uma natureza aparte, como se fossem separáveis de outros acontecimentos. (Hulsman; Celis, 1993, p. 65-66, grifo do original)

Isso significa que, a partir do referencial que estamos expondo, os pressupostos fundamentais do positivismo criminológico não se sustentam. O crime não é uma definição que se encontra em alguns casos excepcionais, na natureza e universais ao longo de toda a história. Ao contrário do que pretendem os positivistas, em noção que sobrevive no imaginário do senso comum punitivo, a prática de delitos não é uma exceção na sociedade.

De acordo com Smaus (1998), uma vez que não há meios de fazer empiricamente uma demonstração da cifra oculta, usa-se a **hipótese da ubiquidade do fenômeno delitivo**. Nesse sentido,

> seria necessário levantar absolutamente todas as condutas praticadas por todas as pessoas dentro de um período e contrapô-las diante de todas as ações abstratamente definidas como crime (tudo isso, enquanto se arriscam difíceis interpretações, com pretensão mínima de invariabilidade, sobre as previsões típicas, as práticas individuais e um impossível juízo objetivo de imputação e culpabilidade). Porém, a partir de alguns dados e argumentos fundados na experiência, é possível perceber grande plausibilidade dessa hipótese. (Motta, 2015a, p. 82)

Isso significa que, se todos os homicídios, furtos, estelionatos, peculatos, corrupções, lesões corporais, fraudes contra o fisco e mais a imensa teia de condutas abstratamente criminalizadas fossem efetivamente penalizadas, não existiria cidadão que não fosse sancionado penalmente de forma reiterada (Zaffaroni, 1998). Portanto, embora a maioria das pessoas não esteja cumprindo pena, não significa que elas sejam "cidadãs de bem" e a minoria criminalizada seja a representação do mal, pois devemos considerar que, com formação de um padrão de seletividade, há também um padrão de imunidade. Por isso,

> Quando alguém fala que o Brasil é "o país da impunidade", está generalizando indevidamente a histórica imunidade das classes dominantes. Para a grande maioria dos brasileiros – do escravismo colonial ao capitalismo selvagem contemporâneo – a punição é um fato cotidiano. Essa punição se apresenta implacavelmente sempre que pobres, negros ou quaisquer outros marginalizados vivem a conjuntura de serem acusados da prática de crimes interindividuais (furtos, lesões corporais, homicídios, estupros, etc.). Porém, essa punição permeia principalmente o uso estrutural do sistema penal para garantir a equação econômica. Os brasileiros pobres conhecem bem isso. Ou são presos por vadiagem, ou arranjem rápido emprego e desfrutem do salário mínimo (punidos *ou* mal pagos). Depois que já estão trabalhando, nada de greves para discutir salário, porque a polícia prende e arrebenta (punidos *e* mal pagos). (Batista, 1990, p. 38-39, grifo do original)

A ideia de seletividade, uma vez compreendida em conjunto com a cifra oculta, gera um profundo incômodo, pois coloca o olhar não mais sobre o delinquente escolhido, mas sobre o sistema penal que fez a escolha. A pergunta não é mais "Por que o criminoso escolheu cometer o crime?", mas sim "Entre todas as pessoas (que cometem crimes), por que tantas ficam imunes e especificamente esta ou aquela foi escolhida?". Seria possível, em um primeiro momento de ingenuidade, pensarmos que o importante seria acabar com a seletividade e, consequentemente, com a "impunidade" (cifra oculta).

De acordo com Batista (2011), a resposta é, talvez, aquela menos desejada: é impossível não ter seletividade e sua outra face – a cifra oculta, pois a **seletividade é uma característica estrutural**, inevitável e necessária a todos os sistemas penais. E, como há uma enorme discrepância entre a criminalidade real e a aparente, uma vez que a cifra oculta está em todo o lugar, "a regra é a imunidade e não a criminalização" (Baratta, 1993, p. 249, tradução nossa).

Isso significa que sempre que há seletividade, há cifra oculta; como a seletividade é um dado inevitável do sistema penal, grandes blocos de imunidade sempre existirão.

> Com essa presença difusa socialmente de práticas definidas formalmente como crimes, simultaneamente, o Sistema de Justiça Criminal não tem a capacidade de levar a cabo todas as punições, ou seja, com toda a nova emissão e expansão em abstrato da criminalização primária, a capacidade do sistema

penal de cumprir a criminalização secundária não acompanha em igual medida. (Motta, 2010, p. 152)

Podemos chegar a uma dupla conclusão a partir de tal fato: o sistema de justiça criminal não pode (não tem capacidade) cumprir a tarefa criminalizante a que se propõe e não é desejável que possa, porque se a promessa de acabar com a impunidade fosse cumprida, a sociedade acabaria, eis que todos seriam encarcerados. A lógica desse aparato é necessariamente seletiva, e o aumento da criminalização primária somente serve para aumentar a cifra oculta. Consequentemente, amplia-se a margem de discricionariedade na criminalização secundária – aplicação das normas. Assim, o sistema penal "pretende dispor de um poder que não possui, ocultando o verdadeiro poder que exerce" (Zaffaroni, 1998, p. 31).

Até este ponto da exposição, tanto a seletividade quanto a cifra oculta parecem "obra do acaso"; como se o sistema penal sorteasse uma loteria e, dependendo do resultado, alguma pessoa aleatória fosse criminalizada. A seletividade (e, consequentemente, a cifra oculta), apesar de não ser predeterminada, **forma uma tendência**. Vamos voltar à analogia didática que usamos no final da seção anterior: escolher um filme para assistir em uma plataforma de *streaming* significa não assistir a todos os demais.

Nessa analogia, o vídeo selecionado é como a minoria criminalizada, e os que ficam de fora fazem parte da cifra oculta. Contudo, apesar de não ser completamente predeterminado (em alguns momentos você quer um filme de ação, outras vezes tem vontade de algo que suscite uma reflexão), há formação de uma tendência em suas escolhas. Pode ser que você goste de filmes de suspense, mas deteste terror; às vezes, assiste a filmes de comédia, mas nunca uma comédia romântica. Nesse sentido, quanto mais você escolhe, mais evidente fica essa tendência. É possível dizer que você tem mais chances de escolher um tipo de filme ou série, ainda que esporadicamente esse padrão pode ser quebrado, pelos mais variados motivos. Trata-se, portanto, de uma questão de probabilidade, e não de certeza.

A criminologia também fornece uma categoria para compreender a tendência da seletividade. Há no sistema penal uma probabilidade maior de seleção de algumas condutas e pessoas, ainda que eventualmente esse padrão seja quebrado. Vejamos essa ideia no item a seguir.

— 2.2.3 —
Vulnerabilidade e risco de seleção

Uma vez que se compreende a relação entre seletividade e cifra oculta da criminalidade, abre-se um caminho sem volta. Não se consegue observar o sistema penal com os mesmos olhos quando se nota que o crime e a criminalidade são elementos construídos pelo próprio sistema penal. A descrição inicial, porém, faz parecer que as escolhas de condutas e de pessoas para a criminalização seria um ato aleatório, um produto do acaso. Parece que o sistema penal está inerte, apenas esperando algo entrar em seu "radar" e, então, criminaliza como uma cobra que dá o bote, na analogia criada por De La Torre Rangel (2007, p. 138, tradução nossa), referente a uma frase que ouviu de um camponês de El Salvador: "a lei é como a serpente. Só pica quem está descalço". De acordo com a construção teórica de Zaffaroni (1998, p. 271), o aparato penal seleciona a pessoa e a utiliza para a justificação do exercício do poder: "O grau de vulnerabilidade ao sistema penal que decide a seleção e não o cometimento do injusto".

Como na analogia da escolha de um filme, essa categoria ajuda a entender também a eventual quebra de padrões quando ocorre a punição de pessoas socialmente privilegiadas (congressistas, magistrados, funcionários públicos da cúpula dos poderes, grandes empresários). Quando elas se colocam vulneráveis, a partir da articulação de fatores sociais complexos que aumentam a chance de criminalização, podem acabar selecionadas também. A eventual punição dessas pessoas de prestígio social tem um sensível efeito simbólico, pois legitima o sistema penal e perpetua a ilusão de que a atuação punitiva seria para todos, como se "ninguém estivesse acima da lei". Desse modo, essa penalização excepcional faz com que essas pessoas cumpram um papel de bode expiatório, com a ocultação do real controle social desenvolvido pelo sistema penal.

A noção de vulnerabilidade pode ser entendida como as chances de alguém ser criminalizado ou o **risco de seleção**. Essas chances podem ser niveladas, diferenciadas em diversos graus (**situação de vulnerabilidade**). Os vários níveis são produzidos pela soma de diversos **fatores de vulnerabilidade**. Estes são separados em dois conjuntos: **posição de vulnerabilidade e esforço pessoal para a vulnerabilidade** (Zaffaroni, 1998). Segundo a explicação do próprio autor,

> A *posição ou estado de vulnerabilidade* é predominantemente social (condicionada socialmente) e consiste no grau de risco ou perigo que a pessoa corre apenas pelo pertencimento a uma classe, grupo, estrato social, minoria etc., sempre mais ou menos amplo, como também por se encaixar em um estereótipo, em função de características que a pessoa recebeu.
>
> O *esforço pessoal para a vulnerabilidade* é predominantemente individual, consistindo no grau de perigo ou risco em que a pessoa se coloca em razão de seu comportamento particular. A realização do "injusto" é parte do esforço para a vulnerabilidade, na medida em que o tenha decidido autonomamente.
> (Zaffaroni, 1998, p. 277, tradução nossa, grifo do original)

Vamos expandir essa explicação. Considere que a **situação de vulnerabilidade** é o risco total que alguém tem de ser selecionado pelo sistema penal. Esse risco não implica certeza. Uma pessoa que dirige um veículo automotor de forma imprudente, ultrapassa semáforos vermelhos e mantém excesso de velocidade incrementa o perigo de um acidente, mas pode, apesar disso, chegar ao destino sem qualquer eventualidade. De modo similar, todos temos chances diferentes (grau de risco) de sermos selecionados pelo sistema penal. Já sabemos que a prática de condutas definidas na lei como *criminosas* é socialmente difusa; todos praticam crimes diversos ao longo da vida. Então, a diferença entre ser criminalizado ou não está em uma escolha do sistema penal, e não do indivíduo criminalizado. Ainda que as ações individuais possam contribuir para aumentar ou diminuir o risco, a escolha final é das agências de controle.

Os fatores que aumentam ou diminuem as chances de sermos selecionados podem ser distribuídos em dois grandes grupos: posição de vulnerabilidade e esforço pessoal para a vulnerabilidade. Analisaremos ambos a seguir.

Posição (ou estado) de vulnerabilidade

A posição de vulnerabilidade tem relação com aquilo que a pessoa é socialmente, ou seja, não se trata de algo que a pessoa faz, mas os fatores estruturais que constituem suas relações sociais. Alguém que mora em um condomínio fechado, em uma região rica de uma cidade, tem muito menos chances de ser selecionada do que a pessoa que mora em uma favela onde exista uma Unidade de Polícia Pacificadora. Note que morar em uma região X ou Y da cidade não é um crime, mas o simples fato de residir em determinada área expõe a pessoa em maior ou menor medida à fiscalização do sistema penal.

Outro exemplo interessante é verificado por Orlando Zaccone na cidade do Rio de Janeiro nas ocorrências de tráfico de drogas (no ano de 2002). No período analisado, a Delegacia de Bangu autuou sozinha em quase o triplo de casos de tráfico de drogas que a Zona Sul (parte mais rica da cidade) inteira – com atuação de seis delegacias distintas (D'Elia Filho, 2004).

Dessa forma, quem acredita que as estatísticas criminais correspondem à criminalidade real poderia ter a ilusão de que a região de Bangu tem uma "epidemia" de traficantes de drogas, ao passo que a Zona Sul seria composta apenas por pessoas que rejeitam profundamente as substâncias ilícitas. No entanto, a diferença da criminalização da conduta de tráfico de drogas no Rio de Janeiro não é explicada pela quantidade de condutas individuais praticadas, porque são mais ou menos difusas pela cidade; a diferença está na correspondência de expectativas sociais entre as condutas e as pessoas. Há uma associação de que o traficante corresponde a um estereótipo social específico e forma-se uma tendência de enquadramento de condutas de jovens de favela no tráfico e dos jovens da Zona Sul na conduta de porte para uso pessoal – ainda que as circunstâncias e a quantidade de substâncias sejam idênticas (D'Elia Filho, 2004).

Essa carga de significados que se atribui à pessoa apenas com base em determinados símbolos que ela carrega no corpo (gênero, cor da pele, roupas) ou em seu entorno (locais frequentados) pode ser compreendida com a noção de *estigma*, estudada a fundo por Goffman (1986). Para o autor, apesar de o termo *estigma* ter origem na língua grega (era adotado para expressar determinados sinais corporais que exprimiam algo incomum ou ruim sobre o caráter individual), atualmente é utilizado para fazer referência a um atributo com fortes meios de retirar crédito das pessoas. Não se trata de um sinal externo (podendo também ter uma dimensão objetiva), mas de uma marca social à qual se atribuem sentidos (positivos ou negativos) que as pessoas projetam ao próprio caráter individual do estigmatizado. O estigmatizado, quando tratado como tal, tende a internalizar as expectativas sociais que se formam sobre si. Portanto,

de alguém sem visão, esperam que atue de forma desamparada e sempre precisando de ajuda e se mostrando hipossuficiente; de negros e mulheres, esperam-se comportamentos de acordo com construções tipicamente racistas ou machistas; de uma pessoa que se prostitui, imagina-se alguém que manifeste isenção de qualquer sentimento humano, um simples objeto de satisfação sexual alheia; de alguém que seja homossexual, espera-se que atue de forma chamativa e indiscreta; de uma pessoa que já cometeu algum crime, aguarda-se a prática de novos delitos. Não raro, para não causar estranhamento ou decepção, assume o papel a ela atribuído e age de acordo com a carga do estigma. [...] uma anã que era extremamente polida e bem-educada, na frente de pessoas de fora do seu círculo de amizades interpretava o que se esperava de uma anã (o estereótipo do bufão), mas diante de seus amigos jogava fora esse papel e agia como a pessoa que realmente era (inteligente, triste e bastante solitária). Com relação a crimes, isso pode ser extremamente nocivo, gerando o que os autores chamam de uma profecia que se autoconcretiza (*self-fulfilling prophecy*). Por exemplo: uma criança cresce em um ambiente em que vivencia constantemente violência institucional do aparato penal; na escola, os professores mandam desistir de uma educação superior e estudar para a formação de mão de obra pouco especializada frequentando cursos profissionalizantes; na família, cobram-na para que comece a trabalhar e complementar a renda em casa. De um lado observa outras crianças em igual situação optando pelo caminho formal da mão de obra pouco remunerada e vivendo além dos 30 anos e se mantendo na mesma situação, sem reconhecimento da comunidade e nem daqueles a ela externos; de outro lado, crianças e jovens morrendo antes dos 20 anos, mas que considera como heróis armados, lutando contra o aparato policial e tendo uma admiração ambígua internamente à comunidade. Isso coloca em movimento diversos fatores, como a pessoa se moldar de acordo com a forma que os outros a enxergam; a segregação e a sua identificação apenas com aqueles igualmente estigmatizados; bem como a sua aceitação apenas nessa *subcultura* disposta a recebê-lo como igual. No momento em que o excluído se vê forçado a assumir a identidade que os outros lhe atribuíram, não há qualquer surpresa e o estigma está "justificado" e "legitimado". (Motta, 2010, p. 136-137, grifo do original)

Com base nisso, **a posição de vulnerabilidade** das pessoas dialoga com essas marcas sociais (estigmas). A própria fiscalização do sistema penal (e, consequentemente, as chances de seleção) é articulada em torno desses símbolos e expectativas sociais. Isso faz com que o ponto de partida do **risco de seleção** seja diferente entre vários grupos sociais, independentemente daquilo que a pessoa faça. Um estudante de escola pública, por exemplo, tem uma relação com o sistema penal muito diferente de um estudante de uma escola particular. A presença de viaturas policiais frequentes naquela coloca o olhar do sistema penal muito mais voltado a esses estudantes quando comparado com os alunos da classe média. Como um "termômetro do risco", grupos sociais diferentes têm maiores ou menores chances apenas por carregarem determinados estigmas.

Esforço pessoal para a vulnerabilidade

Zaffaroni (1998) não nos deixa ignorar o fato de que ações individuais também são importantes fatores na definição do risco de seleção. É muito comum acreditar que essa perspectiva criminológica considera isoladamente a atuação das agências do sistema penal, como se o comportamento individual em nada influenciasse as chances de entrar na seletividade. A pessoa que pratica um crime aumenta enormemente suas chances de criminalização em relação à pessoa que não o faz. Além disso, tantos outros fatores em torno da ação contribuem para maior ou menor vulnerabilidade. O local do crime é bastante relevante: praticar um delito em um apartamento de luxo tem muito menos visibilidade do que cometimento de um crime em frente a uma delegacia. De igual modo, até o tipo penal carrega percepções sociais diversas: a prática de um roubo ou uma lesão corporal atrai muito mais a reação social do que uma falsidade ideológica no momento da declaração do imposto de renda. Não se trata, portanto, de um elemento binário (cometer ou não crimes), mas uma série de outras circunstâncias está associada à vulnerabilidade da conduta.

Como vimos nesta obra, a perseguição penal tende a ser mais severa e a ocorrer de forma mais assertiva quando os crimes envolvem o patrimônio privado. Logo, uma pessoa que tenha essas condutas de forma repetitiva tende a se colocar em uma posição vulnerável, uma vez que "aparecerá no radar" das instituições de controle social formal mais facilmente.

> Em virtude do significado fundante da propriedade para a diferenciação vertical da sociedade, a contribuição do direito penal para sua reprodução corresponde a isso: tutelar as violações à propriedade e aos direitos de propriedade. Essa tese deixa intocada a atividade do direito penal em outras áreas. É notório que violações à propriedade abarcam estatisticamente o mais amplo espaço da persecução penal. Igualmente significativa é a concentração da atenção penal sobre uma subpopulação destituída. A criminalização em virtude do pertencimento a estratos sociais inferiores sucede também aqui sobre a proteção da propriedade, que não deve ser ilegalmente distribuída. (Smaus, 1998, p. 219-220, tradução nossa)

Nesse ponto, é importante salientar que, embora a prática de um delito seja um dos elementos mais capazes de aumentar a situação de vulnerabilidade, há outras ações individuais, mesmo que não sejam definidas como crimes, que podem desempenhar esse mesmo papel. Por exemplo, pessoas podem ser criminalizadas apenas por estar em certo lugar ou acompanhadas de determinados grupos. A seleção também não depende da prática efetiva de um crime, uma vez que as pessoas podem ser criminalizadas mesmo quando não cometeram a conduta típica. Por exemplo, em caso de flagrante forjado de tráfico de drogas, quando o processo envolve apenas a disputa entre a palavra do réu e a dos agentes que forjaram o flagrante, as chances de condenação são enormes, por todos os estigmas que circundam a conduta, o réu e a presunção de honestidade dos agentes públicos.

Esse mecanismo de pressão opera, obviamente, com os símbolos e os preconceitos sociais no entorno das relações reais: é muito mais possível que um flagrante forjado por tráfico de drogas, por exemplo, seja praticado contra pessoas que já estejam em elevada situação de vulnerabilidade, não gerando tantas dúvidas a um magistrado que o fato tenha ocorrido contra um jovem negro que resida em uma favela. Se a mesma situação fosse com um jovem de classe média, questionamentos críticos ocorreriam com maiores chances, ocasionando uma absolvição ou uma desclassificação de porte para uso pessoal (D'Elia Filho, 2004).

Embora Zaffaroni (1998) proponha seus estudos sobre vulnerabilidade principalmente no campo da criminalização secundária, é possível analisá-la também no âmbito da criminalização primária. Vamos pensar que, quando uma conduta passa à categoria de crime, houve discussão e tomada de decisão sobre essa questão, mas os grupos que já estavam em situação vulnerável dificilmente teriam qualquer influência política nessa tomada de decisão. Portanto, ao não conseguirem fazer valer seus pontos de vista, são prejudicados por grupos que têm interesses divergentes.

> Aplica-se, então, tanto a posição de vulnerabilidade (daqueles grupos sem privilégios que são prejudicados pelas leis, sem a possibilidade de as influenciar no processo legislativo) quanto o esforço pessoal de vulnerabilidade (pessoas que cometem atos que prejudicam membros integrantes dos grupos capazes de formar maiorias legislativas, gerando a iniciativa de projetos ou o agravamento daqueles já em discussão). (Motta, 2007, p. 83)

Nesse sentido, Sutherland (1983) explora muito bem a questão ao trabalhar a capacidade de grandes grupos econômicos conseguirem modular a percepção pública sobre as condutas socialmente nocivas dos conglomerados empresariais.

> Isso mostra a importância de situar a ideia de vulnerabilidade em uma dinâmica de conflito, na qual as relações de poder e as lutas de classes proporcionam uma grande influência. Assim, não é de graça que o proletariado e aqueles que se encontrem em situação ainda inferior (como o exército industrial de reserva ou aqueles que, mesmo querendo, jamais seriam incorporados ao mercado) sejam os principais alvos da criminalização nos dois níveis citados. Ao mesmo tempo em que não podem influenciar as decisões legislativas, recebendo

o tratamento legal mais severo, bem como tendo como condutas tipificadas que correspondem às mais comuns em seus grupos dotados de maior vulnerabilidade. (Motta, 2007, p. 84)

Aqui, uma ressalva deve ser feita: isso não quer dizer que os agentes do controle penal saem pelas ruas questionando o grau de escolaridade das pessoas e, de acordo com a resposta, dão voz de prisão ou não. Pensar algo assim seria ingênuo, contrafactual e ignoraria a contribuição da categoria de vulnerabilidade. Símbolos sociais se articulam de modo complexo, e todos nós, pois somos socializados nesse contexto histórico, temos fluência na linguagem desses símbolos – como se fosse um idioma. Esses elementos se interconectam e condicionam inclusive o tipo de crime que as pessoas têm à sua disposição para cometer. Somente quem tem renda para fazer a declaração anual de imposto de renda pode cometer delitos para aumentar a restituição; apenas quem tem acesso a veículos automotores pode cometer o crime de dirigir embriagado; para o cometimento de um crime como gestão temerária de instituição financeira é um passo importante ser, antes, gestor de uma instituição financeira (não é exatamente um cargo destinado a pessoas economicamente miseráveis). Estar em uma ou outra situação social condiciona vivências em esferas sociais diferentes. Esses mesmos círculos sociais distribuem graus de vulnerabilidade muito diferentes.

A noção de vulnerabilidade contribui para compreender que o risco que as pessoas têm de serem selecionadas varia com base em diversos fatores. A conduta individual é importante, mas outros tantos elementos se somam para a formação dos padrões de seletividade. Isso explica como alguns grupos sociais são altamente criminalizados e outros têm "atestado de imunidade social". Para que pessoas de estratos sociais privilegiados venham a ser criminalizadas, é necessária a convergência de uma conjuntura muito excepcional. Por isso, diante de um contexto de ubiquidade do fenômeno delitivo, não é apenas a prática de uma conduta qualquer que seja definida como crime que explica a distribuição social da punição penal.

Capítulo 3

Pena privativa de liberdade: o modelo penitenciário

Munidos das ferramentas proporcionadas pela criminologia, podemos voltar o olhar para a principal forma de reação penal. Para entender o funcionamento do cárcere, é necessário, inicialmente, conhecer o problema social que essa medida buscava solucionar. Por isso, o primeiro passo está relacionado com a exposição histórica em torno do surgimento da pena privativa de liberdade na modernidade, porque apresenta características bastante específicas do momento da implementação dessas experiências punitivas. Posteriormente, fica mais fácil compreender que a instituição da pena se insere em um contexto maior de planificação e racionalização das relações institucionais modernas, compartilhando mecanismos de controle social entre outras instituições disciplinares.

— 3.1 —
Origens históricas da pena

Quando afirmamos que as práticas sociais têm uma história, significa dizer que elas têm um tempo, um espaço, um significado. Por exemplo, quando tentamos explicar a alguém que nasceu nos anos 1940 o que é um "meme", provavelmente teremos dificuldades porque, no período em que a pessoa nasceu, essa forma de comunicação rápida, com uma imagem, normalmente em tom de piada, ressaltando alguma emoção ou reação, seguida de uma legenda, não faria sentido. Obviamente, não significa que as pessoas dessa época não tivessem conhecimento sobre o que é uma imagem com legenda. No Brasil atual, não se consegue imaginar uma rápida navegação pelas redes sociais sem sermos bombardeados por dezenas de memes. Mas essa é uma prática social (comunicação) que faz sentido hoje, e estaria fora de contexto ou significado há algumas décadas.

Uma mesma imagem, portanto, pode ter significados muito diferentes à medida que o tempo passa. Veja a imagem a seguir.

Figura 3.1 – Pôster *We Can Do It!*, criado por J. Howard Miller

Everett Collection/Shutterstock

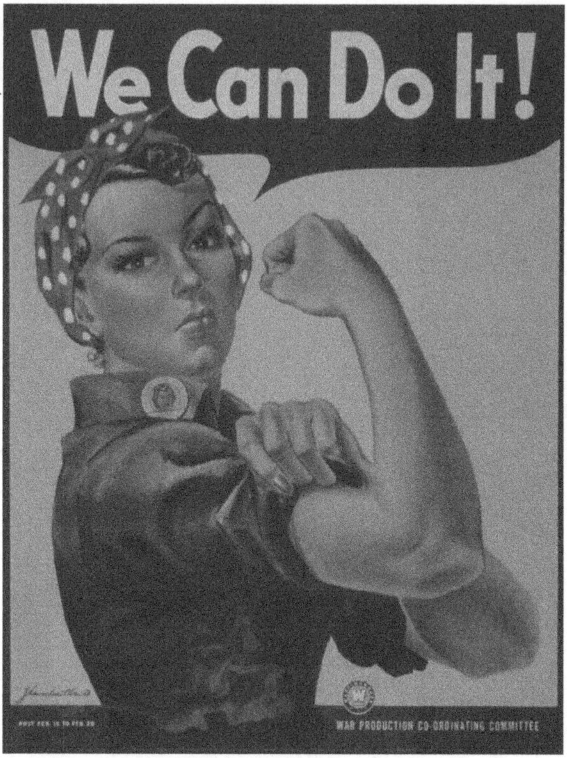

MILLER, J. H. **We Can Do It!**. 1942. 1 *fotolitografia; color*; 55 *cm* × 43 *cm*. *Museu Nacional da História Americana: Washington D.C.*

Nessa obra, uma mulher arregaça as mangas de uma camisa, como quem se prepara para um trabalho pesado. A imagem é, ainda hoje, extremamente popular e foi ressignificada na década de 1990 e início dos anos 2000 como uma mensagem para empoderamento de gênero e luta por igualdade de direitos. Contudo, de acordo com Kimble e Olson (2006), estudos indicam que a imagem, usada em uma fábrica durante o auge da Segunda Guerra (1943), não foi famosa no período e teria apenas finalidade de gestão da força de trabalho nessa empresa específica.

Assim como imagens e ferramentas de comunicação, as formas sociais de punição são transformadas ao longo da história. Desse modo, algo que faz sentido hoje não teria o mesmo significado tempos atrás. É quase lugar comum que, atualmente, as pessoas reajam a um crime pedindo a punição do agente (mais especificamente, sua prisão). Mas se perguntarmos para a maioria das pessoas em qual momento começamos a punir desse modo e que problema essa nova forma de punição queria resolver, provavelmente não teremos resposta.

Para que possamos entender nossa forma de reagir aos crimes, precisamos estabelecer algumas questões:

- Como surgiu a pena privativa de liberdade do sistema penal contemporâneo?
- Qual problema ela buscava resolver?
- Como esse projeto de punição acredita resolver o problema?

Vamos, a seguir, responder a essas três perguntas, pois, por meio delas, podemos esclarecer a razão de punirmos desse modo, bem como que os discursos de legitimação da pena são os mesmos ao longo de toda a história moderna.

— 3.1.1 —
Economia da pena: necessidade de criação do trabalhador da modernidade

Não é tarefa simples fazer uma história das punições. Além disso, escapa ao escopo de um texto introdutório tentar explorar o tema com o uso de métodos historiográficos refinados. Por isso, buscar o momento inicial absoluto das punições sociais não renderia muitos frutos aqui, e questões históricas desencadeariam a necessidade de estudar uma infinita gama de materiais sobre o assunto se optássemos por uma leitura de longos ciclos históricos (Frank; Gills, 1993). Do ponto de vista histórico, a forma moderna de sanção penal é bastante recente; por isso, vamos voltar nosso olhar desse momento em diante.

As primeiras experiências de sanção penal datam do século XVIII, e as primeiras penitenciárias só foram implementadas no início do século XIX. Isso significa que a pena que usamos hoje tem pouco mais de 200 anos. Então, como eram as punições antes disso? E as masmorras medievais ou a privação de liberdade na Grécia antiga?

Esses momentos históricos não tiveram pena no sentido moderno. As punições sociais mais graves costumavam envolver algum dano ao corpo, como uma marca a fogo, uma mutilação, a exposição pública vexatória. Nos casos mais extremos, chegavam à morte física (como uma execução) ou social (expulsão da comunidade, ostracismo). Na Idade Média europeia, a ideia básica de pena como punição do corpo permanece. Cezar Bitencourt (2017, p. 590) resume bem essa ideia ao apontar que as prisões de Estado medievais eram realmente penas corporais. Lá, as pessoas estavam para sofrer uma punição no corpo (passar fome, frio, sede) e, não raro, definhar até a morte. Outras vezes, tinham sua liberdade suprimida apenas como prisão-custódia, onde permaneciam à espera da execução de outra punição na forma de um espetáculo público, como mutilação, açoite ou morte. Para Rusche e Kirchheimer (2005), essas punições não tendiam a se preocupar com o que aconteceria com o condenado durante ou depois da execução. Isso significa que a destruição potencial de força de trabalho não preocupava os gestores públicos.

No entanto, quando a estrutura social se transformou e, com ela, as relações de produção, a forma de punir passou por profundas alterações. Para entender a punição moderna, é necessário ter em mente as transformações sociais e econômicas ocorridas na Europa ao longo do período colonial. A formação da modernidade capitalista, por meio da exploração de colônias, permite ciclos de acumulação do capital em uma escala sem precedentes. Esse fenômeno pavimentou uma mudança geopolítica que situa a Europa no centro da economia mundial (Arrighi, 2010).

Cada forma de organização social tem seu modo de controle, voltado para a perpetuação das relações dentro daquela estrutura. Então, a forma de punir é um reflexo da estrutura das relações sociais, de modo que, para que tenha sido possível nascer a pena privativa de liberdade como a conhecemos atualmente (a partir do modelo penitenciário), foi necessário existir uma forma muito específica de organização social (Rusche; Kirchheimer, 2005).

Essas mudanças começaram a ser bastante claras na virada do século XVI para o XVII. Do ponto de vista econômico, a indústria têxtil que se desenvolvia, com especial destaque na Inglaterra e na Holanda, criou dois tipos de demandas novas: matéria-prima em volume industrial e um novo tipo de trabalhador (proletariado moderno). Para satisfazer a necessidade de matéria-prima, muitas terras antes usadas para a produção de grãos e outros alimentos foram readaptadas para a criação de gado ovino – para extração da lã, que seria usada em teares nas manufaturas. Com isso, essas terras foram cercadas com uma dupla finalidade: evitar a saída do gado e a entrada de pessoas (Melossi; Pavarini, 2006; Rusche; Kirchheimer, 2005).

A produção da lã, ao contrário do uso anterior da terra, demandava um volume de trabalhadores muito menor, e essa transformação social expulsou um enorme contingente populacional das regiões rurais, onde estavam há diversas gerações. À primeira vista, isso pode não parecer um problema, pois havia demanda por força de trabalho em alguns espaços industriais e urbanos em formação. A questão, contudo, não é tão simples.

O tipo de trabalhador que essa indústria precisava não era aquele antes submetido a um regime servil (típica relação feudal europeia) e que tinha como habilidades essencialmente o cultivo da terra e o desenvolvimento de pequenas atividades manuais na forma de artesania. O trabalhador agora exigido é o proletariado moderno, responsável por toda a sua subsistência e que deveria vender sua força de trabalho em troca de um salário. Não havia qualquer vínculo adicional entre o trabalhador e o proprietário burguês; as legislações trabalhistas como conhecemos hoje demoraram ainda cerca de 300 anos para começar sua difusão a partir do final do século XIX. Por isso, não era necessária apenas a habilidade de operar teares manuais nessa indústria, mas também a capacidade de subordinação a uma nova forma de relação de trabalho.

Como esse tipo de estrutura econômica ainda estava sendo consolidada, o enorme fluxo de pessoas para as cidades portuárias não foi prontamente absorvido, o que gerou aumento considerável da massa de pessoas destituídas, que passaram a sobreviver a partir da mendicância, da prostituição, de delitos patrimoniais ou de caridade de instituições religiosas. Esses "vagabundos" (no sentido daquele desocupado que vaga sem rumo) passaram a ser o principal foco da administração das cidades, tanto que, em diversos locais da Europa, discussões passaram a ser travadas com a finalidade de reagir a esse problema.

Diante dessa questão de conjuntura muito específica, a resposta imediata poderia parecer ser simples: se o problema era que as pessoas não estavam trabalhando (no sentido capitalista de vender trabalho em troca de salário), bastaria criar instituições para forçar o trabalho e a disciplina (essa dicotomia é extremamente importante para entender o fenômeno). Entram em pauta as chamadas *casas de trabalho* ou *casas de disciplina*, que tinham o objetivo de proporcionar a formação do contingente proletário necessário e, ao mesmo tempo, retirar das ruas pessoas que o sistema não era capaz de absorver (Melossi; Pavarini, 2006).

O interessante de estudar textos da época é o fato de que a justificativa é muito mais direta; não havia tantos floreios moralistas. A questão é declarada: é necessário forçar as pessoas ao trabalho, mesmo contra sua vontade. Um dos exemplos mais icônicos desse fenômeno é encontrado na edição das *Poor Laws* (Leis dos Pobres) na Inglaterra (Burn, 1764). Trata-se de um conjunto enorme de legislações que foram aprovadas, ampliadas, editadas e transformadas, ao longo de quase 400 anos, com a finalidade essencial de gerir os pobres e transformá-los em trabalhadores. Essas medidas são verdadeiros antecedentes históricos das políticas assistenciais de Estado, como saúde, educação, previdência (que ganharam profunda adoção a partir de meados do século XX). Na forma inicial, estava evidente a verdadeira razão: controle social da classe trabalhadora.

> Pois tantos mendigos fortes, enquanto puderem viver da mendicância, recusarão ao trabalho, entregando-se ao ócio e ao vício e, algumas vezes, ao roubo e outras abominações: ordena-se que ninguém, sob pena de prisão, deverá, sob a aparência

de piedade ou caridade, dar qualquer coisa àqueles aptos ao trabalho, ou intentar favorecê-los em seus desejos, para que, assim, eles possam ser compelidos a trabalhar para as necessidades de sua sobrevivência. (Burn, 1764, p. 22, tradução nossa)

A liberdade de locomoção de pessoas que vagavam sem conseguir empregos nas diversas cidades estava, a todo o momento, controlada pela política criminal em sua faceta embrionária. Aqueles que permanecessem sob tal situação eram alvo de medidas equivalentes a uma "deportação": seriam enviados de volta às comunidades de origem ou em que por último mantiveram vínculos (Burn, 1764). Além disso, é válido ressaltar que, na passagem citada, a pena de prisão (ainda com os contornos medievais) era direcionada àqueles que ajudassem tais vadios, não às pessoas que dependiam da caridade. Para estas, o destino reservado era outro.

Nesse momento histórico, uma série de experiências sociais foi colocada em prática para solucionar a questão que se apresentava: a força de trabalho excedente não poderia ser inutilizada, ao contrário, era preciso garantir que ela fosse empregada de algum modo útil no sistema produtivo que, de forma crescente, aprofundava suas raízes. Assim, questões em torno de garantir que esse contingente populacional tivesse "vontade" de trabalhar (nem que para isso fosse forçado) foram constituídas e andam de mãos dadas com a dimensão de segurança pública até hoje (no sentido de proteção da integridade física e patrimônio privado). Trata-se exatamente da base produtiva servindo de determinação das políticas de controle social, do que derivaram três séculos de história até a punição moderna ganhar a forma que hoje conhecemos.

É importante deixar claro que esse modelo de formular o problema e de reagir a ele sobrevive até hoje nos vários ordenamentos ocidentais. No caso brasileiro, a Lei de Contravenções Penais (Decreto-Lei n. 3.688/1941) ainda prevê a contravenção de vadiagem:

> Art. 59. Entregar-se alguém habitualmente à ociosidade, sendo válido para o trabalho, sem ter renda que lhe assegure meios bastantes de subsistência, ou prover à própria subsistência mediante ocupação ilícita:
>
> Pena – prisão simples, de quinze dias a três meses.
>
> Parágrafo único. A aquisição superveniente de renda, que assegure ao condenado meios bastantes de subsistência, extingue a pena. (Brasil, 1941)

Analisando esse trecho da lei, percebemos que o problema não é a pessoa se entregar a uma vida improdutiva, mas a ociosidade sem trabalho (lícito) ou renda. O parágrafo único deixa isso ainda mais evidente ao dispor que, se a pessoa vier a obter renda, a pena é imediatamente extinta. Por trás dessa contravenção está a mesma questão do início da modernidade capitalista: o que fazer com os trabalhadores desempregados que estão aptos ao trabalho? Adicionalmente, até 2009, havia também, no mesmo diploma normativo, a contravenção de mendicância, ou seja, era possível aplicar uma pena de prisão simples à pessoa que, destituída de qualquer bem, precisasse recorrer a pedir dinheiro ou comida na rua. É declaradamente a possibilidade de punir alguém pelo "crime" de ser pobre.

— 3.1.2 —
Espírito do capitalismo: trabalho e acumulação como valores morais da pena

Para entender a forma atual de punição de crimes, é necessário antes conhecer o problema que a pena quer "resolver". No caso, vimos que, na Europa, à medida que avançava o processo colonial (especialmente durante as expansões holandesa e inglesa), as transformações econômicas e sociais apresentavam a obsolescência do trabalho servil e, de outro lado, a demanda pelo modelo do trabalhador assalariado do capitalismo moderno.

Junto a essas mudanças, ocorreram também mudanças de natureza ideológica, porque, de forma constante, o ser humano precisou pensar a sua realidade. Essa reflexão atribui sentido à própria existência em sociedade e, como é comum em períodos de profunda transformação, houve choques entre pensamentos: alguns resistiam e criticavam a mudança, outros a comemoravam; enquanto alguns choravam a morte do velho mundo, outros celebravam o nascimento do novo. Se, de um lado, a classe senhorial perdia poder com essas transformações, a burguesia mercantil via sua influência disparar.

No meio dessa disputa econômica, estava um **conflito de valores morais**, uma vez que, para que as novas relações econômicas pudessem ser amplamente adotadas na Europa, seria necessário dar um novo significado ao trabalho e à acumulação de riqueza. É esse novo sentido que Weber (2016) chamou de *espírito do capitalismo*, que não é apenas uma vontade utilitária de maximizar riqueza. Para explicar esse detalhe, Weber compara uma carta escrita por Benjamin Franklin (1904), peculiarmente intitulada "Sugestões necessárias para aqueles que desejam ser ricos", datada originalmente de 1736. Nesse texto, Franklin apontou que o mais importante de se ter dinheiro é o acesso ao crédito que ele permite. Em igual medida, para ele, o trabalho ocioso é a mesma coisa que jogar dinheiro fora (ideia de que "tempo é dinheiro"). Por fim, ele apontou que a compra de produtos deveria ser sempre à vista, pois, no preço a prazo, estaria embutido o risco de inadimplemento de todos os compradores que usam tal modalidade (Franklin, 1904).

Vale mencionar que essas ideias de Franklin (1904) não retratam o "espírito do capitalismo". Trata-se apenas de uma racionalização para maximizar a acumulação sem desperdício. Não existe um "dever de acumular", mas somente uma ideia utilitária para ter o máximo de vantagem possível com o dinheiro.

Weber (2016) contrapõe a postura de Franklin à de Jakob Fugger. Conforme explica Weber, o empreendedor mercantilista fora provocado por um sócio, que teria dito que o comerciante deveria aposentar-se, pois já havia acumulado dinheiro suficiente, e, assim, deixar espaço para novos comerciantes. Fugger teria repreendido seu colega, dizendo que essa era uma postura covarde e que ele continuaria ganhando dinheiro enquanto pudesse. Nesse caso, não se trata de uma otimização do uso do dinheiro (como no texto de Benjamin Franklin), mas de uma verdadeira filosofia de vida – um dever (ou ética) de tornar a acumulação de riqueza a razão de viver. É essa filosofia (ética) de vida que Weber (2016) chamou de *espírito do capitalismo*.

Essa essência da classe capitalista que surgia nesse período conflitava com a visão de mundo cristã vigente ao longo do período medieval europeu. A Igreja Católica enxergava algo positivo na privação de bens materiais. Para Motta (2010, p. 158), "Até então, a pobreza era, em certa medida, tida como algo virtuoso, pois, em função do caráter contemplativo das doutrinas religiosas, a efemeridade da vida terrena era entendida como rito de passagem para algo além". As questões voltadas à espiritualidade colocavam a pobreza em uma situação privilegiada: não ter bens materiais significava a impossibilidade de apego às experiências da carne.

O cristianismo medieval não apenas tolerava a mendicância como realmente a venerava, a ponto de existirem vertentes religiosas que (criticando práticas de acumulação de propriedade da Igreja) faziam de sua prática espiritual uma existência destituída de riquezas. Do mesmo modo, os mendigos eram polos de demanda de "boas ações", na forma de caridade, por parte daqueles que se dispunham a tal. Assim, "havia espaço tanto para o pobre, vivendo de esmolas, quanto para o poderoso, vivendo dos ganhos da propriedade e capaz de realizar suas obrigações Cristãs e para promover autojustificação aos olhos de Deus por praticar boas ações" (Rusche; Kirchheimer, 2005, p. 34, tradução nossa).

Ainda de acordo com Motta (2010, p. 159),

> A atuação da Igreja, com finalidade de acumulação de propriedade, era justificada pela ação em favor dos pobres, idosos e doentes. Esse entendimento das ações caritativas acabava por ser, objetivamente, um mecanismo de equilíbrio social, pois, até certo ponto, mitigava formas extremas de acumulação por via de um instrumento informal e fraco de distribuição de renda. Ainda existiam distâncias abissais entre servos e nobreza, mas as atuações de caridade diluíam algumas tensões sociais que forçavam os campos mais extremos das privações materiais.

Ao longo do século XVI, o "espírito do capitalismo" criou um ponto de tensão em relação à mendicância e à ociosidade. Percebia-se a acumulação de pessoas ociosas nas cidades e que precisavam recorrer à mendicância e à pequena criminalidade para sobreviver. Somado a isso, era afirmado que a caridade sem limites poderia tornar-se perigosa, pois a simples doação de bens para a sobrevivência não incentivaria que esses grupos pauperizados buscassem o trabalho; ao contrário, afirmava-se que eles teriam razões para permanecer desocupados (Rusche; Kirchheimer, 2005, p. 35). É o mesmo tipo de pensamento usado para a crítica de medidas públicas de assistência social. Essa crítica conservadora é tão antiga quanto o próprio capitalismo moderno, mudando apenas o destinatário: das ações de caridade da Igreja para as políticas sociais de Estado.

A doutrina tomista já reconhecia o trabalho não como fator essencial da vida humana, mas como necessário à sua manutenção. A visão medieval de sociedade, porém, era constituída sobre níveis sociais (estamentos) mais ou menos imóveis: o trabalho poderia até ser meio de sobrevivência, mas não uma forma de ascensão social. No entanto, na "nova sociedade", a acumulação de propriedade (proporcionada pela espoliação colonial e pelo modelo mercantilista de trocas comerciais) converteu-se na razão de vida desses novos grupos de poder, exigindo que todos transformassem a acumulação de riqueza em um projeto de vida.

Os resultados econômicos positivos vivenciados por essa nova classe apareciam como mérito individual, e tais conquistas, fruto do trabalho (alheio), poderiam ser alcançadas por qualquer pessoa, desde que também se dedicasse a tarefas laborais. No entanto,

> é altamente duvidoso que sua [do burguês] estrada para a riqueza e o poder possam ser comparados com o trabalho exigido de um membro da classe inferior [para chegar ao mesmo ponto], mas até onde estavam em questão as ideias contemporâneas de mérito, sua atividade era estimada e glorificada como trabalho. (Rusche; Kirchheimer, 2005, p. 36, tradução nossa)

O "espírito do capitalismo" retirou a característica pecaminosa da acumulação de bens materiais e, consequentemente, a generosidade na forma de caridade também perdeu o sentido de purificação moral que antes cumpria. Com a ampliação de ideias reformadoras, essas noções foram recodificadas para uma interpretação crítica das antigas doutrinas religiosas medievais. Por exemplo, de acordo com Rusche e Kirchheimer (2005), Matinho Lutero afirmava que os pobres eram preguiçosos e que as possibilidades de trabalho disponíveis eram amplas. Mas foi com o calvinismo que a ideologia da burguesia mercantil ganhou maior representação religiosa, de modo que a ideia de privação material ganhou novos significados: evitar os gastos suntuosos e cultivar a parcimônia. Afirmava-se que as pessoas que quisessem enriquecer deveriam poupar, o que envolvia negação dos prazeres corporais em favor da produção voltada à exportação. Com a manutenção de uma balança comercial positiva, o país lucra o máximo possível e se torna uma nação próspera – a semelhança com o discurso que se vê hoje nos noticiários econômicos não é coincidência.

A "ética" protestante ganhou um enorme espaço no mundo capitalista em ascensão, pregando a autonegação e permitindo o que mais se desejava entre os burgueses: a fundamentação para incentivar o acúmulo de capital. De acordo com Motta (2010, p. 160), "O empresário burguês passa, em razão do sucesso econômico, a ser visto como alguém abençoado por Deus, servindo de justificação da distribuição não equânime de bens e, ao mesmo tempo, conferindo à burguesia um caráter de superioridade moral".

Se a vida de "privações" era exigida do empresário, um sacrifício ainda maior era exigido das massas para que conseguissem alcançar o mesmo grau de prosperidade. O processo era o de obrigar que os pobres também assumissem o "espírito do capitalismo", que tornassem a acumulação de riqueza seu projeto de vida. Por isso, especialmente em períodos de escassez de mão de obra, a ociosidade daqueles que podiam trabalhar era desenhada como o maior dos crimes. E, assim, a vontade do capitalista e a vontade de Deus passaram a ser a mesma coisa (Rusche; Kirchheimer, 2005).

De modo geral, podemos dizer, então, que a pobreza passou de virtude a pecado, bem como o fetichismo da riqueza material passou de pecado a virtude. O trabalho se transformou na ferramenta de salvação daqueles que não foram abençoados com a pujança já desde o nascimento. A desvantagem do ponto de partida era o sinal de que a busca incessante da salvação por meio do trabalho deveria ser a razão de viver dos destituídos de capital. A noção de que "o trabalho dignifica o ser humano" sustentou a ideologia de que o trabalho tem dimensão moralizadora (Custódio; Veronese, 2007). Essa construção está até hoje incorporada no imaginário do senso comum punitivo, que contrapõe "o sujeito de bem e trabalhador" ao "sujeito mal e criminoso". A ideia de que o trabalho é automaticamente um atestado de honestidade tem sua origem nessa construção ideológica do "espírito do capitalismo".

Perceba, então, que as duas pontas do problema se complementaram no período em questão. De um lado, uma massa de desocupados aumentava nas cidades e a indústria capitalista demandava que essa força de trabalho fosse convertida no novo proletariado; de outro lado, o trabalho exigido por essa indústria era o único caminho para uma vida honesta. Portanto, o trabalho era considerado uma virtude, algo que deveria ser cultivado como a própria razão de viver de cada um. Ao mesmo tempo, para garantir um fluxo constante de mão de obra para as empreitadas capitalistas, era necessário providenciar a formação técnica e ideológica dos trabalhadores. A primeira para que ele fosse capaz de desenvolver as atividades desse novo mundo, e a segunda (ideologia) para que quisesse assumir os valores do "espírito do capitalismo" e se submetesse voluntariamente a essa nova relação de trabalho assalariada.

Várias políticas públicas foram implementadas para resolver esse "problema". Como exemplos, podemos citar a criminalização da mendicância e da vadiagem, bem como a implementação por lei de um salário máximo – muitas legislações da época realmente chegaram a prever um salário máximo para evitar que houvesse movimentos de disputa entre empresários capitalistas em período de escassez de mão de obra. Com isso, uma vez que o trabalhador chegasse nesse salário máximo, não tinha incentivo para trocar de emprego, pois não poderia legalmente receber uma oferta melhor de salário de outro empregador (Melossi; Pavarini, 2006).

Contudo, a **reação social** mais importante foi a criação de instituições (simultaneamente de educação e punição) com a finalidade de cumprir estas duas tarefas: formar o trabalhador e doutriná-lo para desejar o trabalho como projeto de vida (Rusche; Kirchheimer, 2005). Essas primeiras instituições são a base da pena privativa de liberdade que usamos ainda hoje, e somente conseguimos compreender adequadamente o cárcere se contextualizado como aquilo que é: uma forma de reação histórica a um "problema social" específico; necessidade do capitalismo central em formar e controlar o trabalhador moderno.

— 3.1.3 —
Modelo penitenciário

Uma vez que passou a haver demanda de formar tecnicamente e ideologicamente o trabalhador do "novo tempo", imediatamente surgiu também uma dificuldade: o modelo punitivo que existia até então era inútil para a finalidade proposta. Em primeiro lugar, não era mais possível recorrer à pena de morte, porque morto não trabalha. Pela mesma lógica, as punições que envolviam amputações ou violências capazes de deformar ou aleijar o indivíduo passaram a ser desinteressantes, pois reduziam a capacidade produtiva do trabalhador. Então, passaram a estar fora de cogitação o abandono em uma masmorra, e as punições públicas com chibatadas ou a marcações a ferro e fogo passaram a ser feitas com cuidado porque, em casos de exagero, correr-se-ia o risco de deteriorar a capacidade produtiva da pessoa.

Podemos perceber que o ponto importante da transformação não foi uma consciência de humanidade ou benevolência com os grupos socialmente excluídos. Foi simplesmente uma adaptação para um novo problema: formação e disciplina da força de trabalho.

Tendo em vista essa situação, várias experiências foram feitas em países diversos na Europa desse período. Normalmente, as instituições criadas eram separadas entre casas de trabalho e casas de disciplina.

A primeira a ser criada foi, provavelmente, foi a de Bridewell, no ano de 1555, em Londres. Em muitas obras, especialmente em língua inglesa, as casas de trabalho em geral são chamadas de *Bridewell*, pela popularização da ideia e em razão de esta ser comumente apontada como pioneira (Rusche; Kirchheimer, 2005). No entanto, apesar de esse modelo ter recebido aplicação prática inicial na Grã-Bretanha, algumas condições fizeram com que sua difusão fosse maior na Holanda, que, à medida que conseguia independência política do império centralizado na Espanha, ganhava um papel de destaque comercial e colonial e se tornava o centro da economia mundial do período, passado de Sevilha a Amsterdã (Wallerstein, 2011).

Como os períodos de expansão imperial holandesa e inglesa eram marcados por ciclos de escassez de mão de obra, por alguns lapsos temporais os salários não eram tão baixos e a jornada de trabalho tinha baixa duração (leia-se, não chegava a 12 ou a 14 horas diárias). Nesses momentos, como forma de evitar um poder de barganha muito grande aos trabalhadores empregados, as casas de trabalho eram amplamente usadas para forçar um aumento da oferta de força de trabalho – o que invertia a equação de poder em favor dos empresários e comerciantes (Rusche; Kirchheimer, 2005). Essas instituições (casas de trabalho) não serviam ao controle da "criminalidade", mas para administração da ociosidade (mendicância e vadiagem, por exemplo), embora essas condutas pudessem ser transformadas em crimes de tempos em tempos (Rusche; Kirchheimer, 2005).

Contudo, nem todos estavam dispostos a adotar o "espírito do capitalismo" como seu projeto de vida, quer dizer, trabalhar em troca de salário em qualquer condição até ficar rico ou morrer – a última opção costuma vir antes em quase todos os casos. Assim, o mero discurso ideológico foi, em muitos casos, insuficiente para fazer com que as pessoas dedicassem todo o tempo de suas vidas ao capital. Esse obstáculo impulsionou a criação de uma instituição muito parecida com o modelo de Bridewell e que foram chamadas de *casas de disciplina* ou *casas de correção* – lugares "onde aqueles que estavam insubmissos eram forçados a fazer suas práticas quotidianas se conformar às necessidades da indústria" (Rusche; Kirchheimer, 2005, p. 42, tradução nossa).

A experiência mais famosa desse tipo de instituição foi conduzida na Holanda. Os destinatários principais da medida corretiva eram mendigos, vagabundos, ociosos, prostitutas e ladrões, e a ideia inicial era destinar essa punição aos pequenos delitos, à pequena criminalidade de rua. Entretanto, com a popularização da medida, passou-se a aplicá-la também a crimes mais graves. O objetivo era "converter" aquele ex-trabalhador rural que foi deslocado às cidades comerciais em proletariado industrial. O caso holandês mais famoso foi o da *Rasphuis* (ou casa de raspagem), onde os pequenos delinquentes (especialmente em caso de desvios patrimoniais) ficavam raspando madeira do pau--brasil com a finalidade de extrair o pó vermelho usado para a produção de tintura usada na indústria têxtil (Rusche; Kirchheimer, 2005). Eis uma participação especial do Brasil nas primeiras experiências punitivas da modernidade.

Podemos perceber que, apesar da diferença teórica, na prática é bastante difícil separar as casas de trabalho e as casas de disciplina, pois mesmo as condutas que fariam as pessoas serem destinadas a uma ou a outra instituição não eram claras. Algumas vezes, a condição de desempregado era respondida com a casa de trabalho; em outras, a pessoa era considerada vagabunda ou vadia e destinada à correção. Como a superlotação era comum, era possível também aplicar uma ou outra, de acordo com a necessidade da administração pública. Em virtude dessas dificuldades, havia uma tendência de combinar as duas instituições sem grandes distinções, o que demonstra que sua finalidade é basicamente a mesma: controle social da força de trabalho; crime e criminalidade como desculpas ideológicas para justificar a proletarização forçada (Melossi; Pavarini, 2006). De acordo com Motta (2010, p. 162),

As formas iniciais da prisão moderna estão vinculadas às estruturas manufatureiras das casas de trabalho, principalmente em razão de sua finalidade: não se tratava da "reforma" do indivíduo "insubmisso", mas da exploração de mão de obra considerada ociosa, não se fazendo qualquer questão de liberação dos internos (principalmente pelo fato de que o treinamento de alguns envolvia dispêndio de recursos).

O primeiro problema de implementação dessas experiências punitivas iniciais estava relacionado à eficiência de custo, pois a manutenção de uma pequena estrutura industrial, com a finalidade de manter e de disciplinar trabalhadores, era bastante cara. Era necessário que essa estrutura funcionasse como uma empresa, mas, ao mesmo tempo, ela não deveria ser lucrativa, para evitar desequilíbrio do mercado externo. Como as pessoas deveriam ser mantidas ali dentro, havia necessidade também de alojamento, alimentação e espaço para lazer em períodos de descanso. Por isso, o mais comum era que essas instituições gerassem um enorme custo ao orçamento público e baixa lucratividade (Melossi; Pavarini, 2006).

O segundo problema de implementação dessas experiências punitivas iniciais era que o sucesso delas dependia de uma série de fatores que, em grande medida, eram externos à própria instituição. Do ponto de vista econômico, a pessoa que saía da casa de correção só poderia ser incorporada ao mercado de trabalho se houvesse demanda pela força de trabalho, de modo que, se a mão de obra fosse desnecessária em determinado momento, a punição poderia ser o melhor "curso" de formação de trabalhador e, ainda assim, de nada adiantaria. Essa preparação ao trabalho ocorreria sem propósito. Além disso, as experiências nos mais variados países (Holanda, Inglaterra, Alemanha, França etc.) oscilavam profundamente por questões administrativas – como severidade das condições de trabalho, grau de investimento público e privado nas casas de trabalho e até a existência difusa de corrupção dos agentes responsáveis pela gestão institucional (Rusche; Kirchheimer, 2005).

Apesar das tentativas europeias, o modelo penitenciário que conhecemos hoje é criação dos Estados Unidos. Ainda que a dimensão ideológica protestante do trabalho moralizador fosse bastante forte naquele país, algumas características eram diferentes da Europa. Em virtude do passado colonial estadunidense, algumas das experiências punitivas com objetivo de formação para o trabalho não tinham foco em moldar habilidades para um ambiente do capitalismo industrial moderno. Com isso, destinavam esforços para reproduzir uma força de trabalho para o ambiente das grandes propriedades rurais, mais presentes no contexto anterior à independência. Isso significa que as pessoas saíam das casas de correção despreparadas para a estrutura das relações manufatureiras que se ampliavam; tanto que, pouco a pouco, nos Estados Unidos, essas instituições foram convertidas em uma instituição de segregação (privação pura da liberdade) e com a realização de pequenos trabalhos manuais de "reeducação pelo trabalho" (Melossi; Pavarini, 2006).

Muitos dos problemas sociais identificados no final do século XVIII nos Estados Unidos dependiam da participação de instituições de caridade privadas e religiosas. Esses grupos assistencialistas para "alívios" de mazelas sociais, chamados de *reliefs*, passaram a ser esvaziados, forçando a criação de intervenções públicas para a gestão da pobreza (Melossi; Pavarini, 2006). Isso não significa o fim completo da influência religiosa nas instituições punitivas, mas sim que a relação entre culpa (criminal) e pecado foi levada a patamares extremos, porque se passou a considerar que, se qualquer pecado poderia ser redimido (dependendo apenas do arrependimento), qualquer crime poderia ser objeto de perdão, bastando, para isso, "pagar o preço".

Vale ressaltar que o aprofundamento da moral religiosa nas práticas penais não teve como consequência o abandono das preocupações de ordem econômica, mas um entranhamento das noções religiosas de expiação do pecado nas ideias penais como mecanismo de justificação. Isso dificultou a percepção da íntima ligação entre cárcere e produção capitalista. Esse projeto tentou ser concretizado por via das duas instituições--modelo estadunidenses do sistema penitenciário, cujo desenvolvimento teve início na última década do século XVIII. Vale notar que o modelo penitenciário não é completamente original dos Estados Unidos, pois já existiam modelos "carcerários" na Europa que apontavam algumas tendências punitivas. O mais importante foi a radicalização dessa ideologia religiosa que acoberta uma política punitiva diretamente ligada à transformação de condenados em proletários (Melossi; Pavarini, 2006).

Uma das instituições religiosas de assistência, a Philadelphia Society for Alleviating the Miseries of Public Prisons, afirmava a necessidade de expiação dos pecados pela reflexão e abstinência dos vícios materiais (principalmente o alcoolismo), o que exigia, também, segregação social completa – não era possível conversar ou ter contado com outras pessoas. Esse desligamento tinha como finalidade a ampliação da contemplação religiosa para a expiação do pecado/crime. Nesse contexto, a ideia de confinamento celular foi ganhando força.

A primeira experiência que radicalizou essas noções pode ser encontrada no presídio de Walnut Street (na Filadélfia), que foi adaptado para receber pessoas que, após o período da pena, sairiam "redimidas". No entanto, os problemas desse modelo de segregação celular completo foram aparecendo. Primeiramente, o trabalho desenvolvido nas células era pouco lucrativo, em função do caráter artesanal. Nos casos em que era usado como mera forma de punição psicológica, a "terapêutica" convertia-se em pura violência psíquica. Em segundo lugar, o número de suicídios e de patologias mentais aumentou de forma bastante visível, em razão do isolamento. A instituição foi, então, repensada em razão dos mesmos problemas econômicos de sempre. O declínio do trabalho escravo nos Estados Unidos passou a demandar a força de trabalho assalariada e, com isso, a necessidade de direcionar as punições penais para essa finalidade. Ainda que o discurso de humanização cumprisse um papel retórico importante, o real ponto de virada foi econômico (Melossi; Pavarini, 2006).

O sistema penitenciário de Auburn foi posto em prática como forma de reagir a esses problemas. Nesse sistema, os presos trabalhavam em conjunto durante o dia e ficavam em confinamento solitário à noite. Em virtude disso, esse sistema é também chamado de *sistema silencioso*, pois, embora tivessem contato com outros condenados durante o dia, o silêncio era considerado como uma espécie de obrigação. Por esse motivo, o modelo auburniano é, muitas vezes, denominado *silent system* ("sistema silencioso").

> O modelo de Auburn prescreve a cela individual durante a noite, o trabalho e as refeições em comum, mas, sob a regra do silêncio absoluto, os detentos só podendo falar com os guardas, com a permissão destes e em voz baixa. Referência clara tomada ao modelo monástico; referência também tomada à disciplina de oficina. A prisão deve ser um microcosmo de uma sociedade perfeita onde os indivíduos estão isolados em sua existência moral, mas onde sua reunião se efetua num enquadramento hierárquico estrito, sem relacionamento lateral, só se podendo fazer comunicação no sentido vertical. (Foucault, 2003, p. 200)

O intuito primeiro desse modelo era elevar a produtividade, tanto que o trabalho não era precipuamente punitivo, e o conceito de *trabalho penal* perdeu força. De acordo com Rusche e Kirchheimer (2005), as instituições carcerárias que adotaram esse modelo tiveram crescimento financeiro tão relevante que chegavam a ganhar mais do que gastavam com os presos. Para os europeus, no entanto, o modelo era considerado muito tolerante, argumentando que os presos trabalhavam para conseguir privilégios, e não por disciplina.

Com base no que expomos até aqui, podemos notar que o modelo moderno de punição teve como finalidade reagir a um problema social bastante específico do início da modernidade capitalista. Desconectada da história, a pena moderna não faz sentido, mas, lida em conjunto com a estrutura social que a circunda, a compreensão é muito mais fácil. A prisão moderna foi construída como reflexo das instituições produtivas e se articula a elas de forma inseparável. A modernidade, porém, não produziu apenas a prisão como espelho da fábrica, mas também uma constelação de outras instituições e técnicas para a constante formação da força de trabalho. Por isso, precisamos olhar para a pena privativa de liberdade como mais um capítulo dessa grande continuidade que é o controle social.

— 3.2 —

Instituições totais e disciplina: técnicas para o adestramento do corpo e da mente

Até este momento de nossos estudos, você provavelmente já percebeu que as experiências punitivas que culminaram no modelo penitenciário tiveram diversos elementos comuns com outras instituições sociais. A ideia de um lugar onde a pessoa passa o dia realizando atividades conforme o cronograma de um projeto mais amplo, que deve respeitar a hierarquia interna, cumprir os horários e as tarefas determinadas, tudo isso pode lembrar uma escola, um quartel ou um programa de treinamento de uma empresa. As semelhanças não são acidentais.

Goffman (1961) foi um dos primeiros autores a explorar essas semelhanças a fundo. Ele agrupou esse conjunto de entidades coletivas em torno da ideia de *instituições totais* e percebeu que, nesses espaços, são formadas microssociedades, onde todas as esferas da vida são produzidas e reproduzidas.

Na sociedade "geral", costumamos desenvolver atividades de lazer, trabalho, convívio familiar e residencial em esferas distintas. Tanto os espaços quanto as pessoas são muitas vezes diferentes, por exemplo: nossos colegas de trabalho não são os mesmos colegas da faculdade, que, por sua vez, não são nossos familiares. Do outro lado, as *instituições totais* são chamadas assim porque reúnem algumas características comuns (Goffman, 1961):

- As esferas da vida social são reunidas/totalizadas em um espaço único.
- Não existe distinção entre as atividades. Todas elas são desenvolvidas de modo comum pelos internos.
- Há um cronograma de planejamento e distribuição das atividades. Existe um sistema de regras (formais e informais) controlado pelas autoridades.

- Todos esses itens são desenvolvidos com o intuito de que a instituição cumpra sua finalidade, seja ela ressocializar um detento, seja qualificar um profissional, seja formar um militar.

A ideia de instituições totais é aplicada a diversos espaços que reúnem, em maior ou menor medida, essas características "totais", como conventos religiosos, colégios internos, hospitais psiquiátricos, prisões etc. Goffman (1961) ressalta que essas características gerais podem ser flexibilizadas e acabam assumindo formas específicas de cada instituição. Por isso, não devem ser lidas de modo engessado ou universalizado. Essas instituições totais desenvolvem suas atividades disciplinares, de modo geral, por meio da articulação de dois instrumentos: **sistema de privilégios** e **processo de mortificação**.

— 3.2.1 —
O processo de mortificação

O *processo de mortificação* é chamado assim porque o projeto institucional tem a pretensão de adotar um ponto de partida que iguale todos os internos, independentemente das capacidades e das histórias prévias de cada um. Portanto, para a aplicação do cronograma a todos da mesma forma, a instituição precisa trabalhar com um indivíduo "básico", a partir da "estaca zero", e, com isso, reduz a complexidade para não precisar lidar com peculiaridades de cada um. Isso significa que a identidade da pessoa (o que envolve sua história) que ingressa na instituição deve ser destruída, apagada ou "mortificada". É um processo de conversão, anulando-se a realidade social em que o indivíduo estava inserido, forçando-o a uma socialização em modelo distinto, com novos códigos, novas relações de poder, novas formas (mais reforçadas) de controle. Controla-se a troca de informações, nem tudo pode ser falado às visitas, as cartas são censuradas, algumas conversas são presenciadas pela autoridade etc. (Goffman, 1961).

As ferramentas e as metodologias usadas pela instituição para anular o indivíduo podem ser diversas. Algumas regras são formais (previstas em leis ou regulamentos internos), outras são informais (podendo envolver inclusive várias formas de violências degradantes ao corpo e à mente). Tomando como referência a prisão, já na entrada do cárcere fica clara a "ironia" do processo de mortificação: o preso está ali para ser "ressocializado", mas todo e qualquer acesso à sociedade geral é negado. A este fenômeno, Goffman (1961) chama de *desaculturação*: o preso tem privada de si a capacidade do que quer que ocorra fora dos muros da prisão e, desse modo, uma vez em liberdade, não consegue acompanhá-la, pois a sociedade já mudou, já é diferente daquilo que ele conhecia quando de sua prisão. Há uma

> barreira posta entre ele e a sociedade extramuros. Acaba de sofrer uma espécie de morte civil: além do direito de liberdade, diversos outros direitos são perdidos de forma acessória,

passando o sujeito a ser quase um néscio, uma pessoa ignorante, quase bestial ("se está ali, não é porque é inocente", segundo o discurso comum que perpassa a visão de muitos sobre os presos). O conflito entre os presidiários e os membros da administração surge aos olhos e alguns métodos de domesticação são utilizados (como "testes de obediência" ou provações de quebra da força de vontade), sendo que diversas formas de punições (previstas administrativamente ou não) são utilizadas até que se consiga a completa submissão do indivíduo. (Motta, 2007, p. 112)

Nós nos constituímos como sujeitos e expressamos essa identidade de vários modos. Entre eles, podemos indicar a forma de falar, o tipo de roupa, o corte de cabelo, os adereços (joias, colares, brincos, *piercings*, tatuagens). Quando encarcerado, todos esses elementos são removidos da esfera de liberdade do sujeito, que não mais pode escolher como se expressar. Pouco importa quem ele era lá fora, intramuros ele é apenas mais um preso. Ocorre a extirpação completa de toda a propriedade que tinha do lado de fora, não raro, inclusive do **nome** (com a atribuição de um número de matrícula ou prontuário). Outra forma (não necessariamente presente em todos os presídios) é a uniformização pelas vestimentas. Isso "marca" o indivíduo como pertencente à instituição, e nem mesmo o uniforme é só dele. Os tamanhos dos uniformes são padronizados, sem muitos ajustes ao porte de cada preso, e, muitas vezes, são lavados em coletividade, de modo que qualquer espécie de símbolo individual é desfeita e não necessariamente as mesmas peças de vestimenta retornarão ao mesmo preso depois de lavadas (Goffman, 1961). Isso significa que o processo de mortificação envolve diversos mecanismos que limitam a capacidade individual de autodeterminação. O interno não tem mais a possibilidade de controlar o que fazer e quando fazer, fica vigiado constantemente. Um dos principais exemplos dessa limitação está na proibição do uso da palavra: da mesma forma que uma criança pede autorização para falar em uma sala de aula, um detento precisa pedir permissão para se dirigir ao agente penitenciário nos sistemas carcerários que impõem o silêncio. A violação dessas regras pode, inclusive, gerar a aplicação de punições disciplinares, dependendo do comportamento individual (Goffman, 1961). Por isso, é importante ressaltar que **a privação de liberdade vai muito além da mera locomoção**.

O processo de mortificação, como já indicado, não se limita a regulações formais da instituição. Existem práticas informais (não raro ilegais) que também cumprem essa finalidade de anulação da identidade. Temos o exemplo de "trotes" (como aqueles que ainda existem em instituições universitárias), cortes de cabelo, espancamentos como forma de atestar distribuição de poder entre grupos internos. Goffman (1961) conta um caso de um convento no qual, no jantar com sopa para a recepção de novas pessoas, as noviças recebiam uma tigela vazia. A intenção era que as noviças passassem nas mesas das freiras mais antigas, que "doavam" duas colheradas vindas de sua tigela – o que significa que a noviça precisava comer aquela mistura de sopa com saliva e previamente consumida pelas demais freiras. Elas, então, sentavam-se em uma mesa separada com esse pote cheio de sopa cuspida e precisavam tomá-la inteira. A justificativa do convento era de que esse "ritual" serviria para formar um sentimento de humildade. Esse exemplo é interessante porque um ritual tão degradante não converge com o estereótipo de pessoas que vão dedicar a vida à religião.

Esse tipo de situação é o que Goffman (1961) chama de *contaminação interpessoal*. Isso significa que, nas instituições totais, é comum a violação daquele espaço mínimo pessoal, que costumamos considerar o mínimo da privacidade. Significa contatos físicos e sociais não desejados, pois você não escolhe com quem vai se relacionar nessas instituições; não sabe quem serão seus colegas de classe, de equipe no trabalho ou de cela. A forma mais visível dessa contaminação é a violência sexual (e não é preciso entrar em noções psicanalíticas sobre os danos à identidade da pessoa que sofre tal violência). No entanto, existem formas mais brandas de contaminação interpessoal, que não deixam de ser formas de violência à identidade pessoal. Como exemplo, citamos o uso de formas truncadas de nomes (apelidos degradantes, por exemplo), gerando uma intimidade não aceita pela pessoa; ou o caso de intromissões em relacionamentos íntimos (como no caso de censuras a cartas, não raro sendo objeto de exposição e de sátiras).

Essa série de humilhações consegue, simbolicamente, destruir elementos subjetivos, por exemplo, a possibilidade de impor formas específicas de sexualidade (como a coação à prática de atos homossexuais). Assim, diversos limites que o indivíduo tem entre ele e os outros, espécies de fronteiras entre o elemento privado mais íntimo e o não privado, são quebrados. Informações sobre a pessoa no período extramuros são coletadas, outras são descobertas por algumas entrevistas feitas por pessoas vinculadas ao aparato administrativo. Algumas vezes, ocorrem exposições físicas em processos de revistas para procurar certos objetos ou como forma de sanção (não é muito difícil lembrar cenas televisivas transmitidas de diversos presos espalhados em um pátio com um mínimo de roupa e em posição fetal). Além disso, outras situações íntimas são expostas: banheiros sem portas ou dormitórios coletivos podem ser citados como exemplos (Goffman, 1961).

— 3.2.2 —
Sistema de privilégios

Do outro lado do processo de mortificação, há o sistema de privilégios – mecanismo que permite ao interno uma forma de reorganizar sua subjetividade desconstruída. Goffman (1961) aponta três elementos em tal sistema:

1. **Regras da casa (*house rules*):** um complexo de normas e prescrições impostas aos internos, como forma de prepará-lo para a vida dentro da instituição, ou seja, a destruição prévia

da subjetividade e de todos os vínculos anteriores é vista como meio de preparar a pessoa a vida de acordo com essas novas regras. Trazendo para a realidade das instituições de ensino superior, imagine essas regras como as apresentações no primeiro semestre de uma faculdade sobre os sistemas de avaliações, quem é responsável pela administração do curso, como acessar o sistema informatizado para consulta de material, notas etc. Junto a essas regras formais, vêm também as informais (com informações compartilhadas entre os alunos), como quais as matérias mais exigentes e as mais fáceis (no sentido banalizado de obtenção de aprovação), quais os professores que repetem questões de prova e assim por diante.

2. **Mecanismos internos de segregação e controle diferenciado**: uma vez que os projetos institucionais entram em curso e as regras passam a ser cumpridas (ou não) pelos internos, vão sendo montados mecanismos internos de segregação e controle diferenciado. Aqueles que observam o comportamento idealmente desejado pelo grupo que administra a instituição total passam a receber "recompensas" (por exemplo, a progressão de regime prisional). Assim, algumas daquelas liberdades que foram limitadas durante o processo de mortificação podem ser lentamente recuperadas pelo reforço positivo do sistema de privilégios. Os benefícios podem até ser informais, uma regalia não declarada, como uma nota extra ao "bom aluno" para conseguir a aprovação em uma disciplina escolar; ou o direito de sair por mais tempo da cela para

ajudar em pequenas tarefas administrativas (como a limpeza das instalações da penitenciária) (Goffman, 1961). A esperança gerada em torno de tais privilégios tem um papel muito importante, porque faz o indivíduo alimentar a expectativa de recuperar as liberdades perdidas, as quais vão muito além do simples direito de locomoção. Do ponto de vista do controle social, isso faz com que, ao lentamente recuperar esses direitos perdidos, o indivíduo aceite situações sociais fora do cárcere bastante miseráveis, pois sabe que a punição penal pode ser ainda pior (Melossi; Pavarini, 2006). Assim, até o fato de que a pessoa um dia terá de volta a liberdade faz com que o cárcere tenha uma capacidade de controle social ampliada, pois a sutil engenharia disciplinar força a pessoa a aceitar qualquer coisa do lado de fora para não retornar à condição de mortificação da subjetividade.

3. **Sanções internas**: ao quebrar uma "regra da casa", o interno tem seu privilégio retirado. Ilustrando com a execução penal no Brasil, a falta disciplinar pode sujeitar o preso a diversas punições, como a regressão a um regime prisional mais severo – do aberto para o fechado, por exemplo. Esse sistema de privilégios e sanções administrativas, reproduzindo o modelo externo de organização jurídica, é o principal modo de administração das instituições totais.

Vale notar que o sistema de privilégios pode, inclusive, inserir os internos em uma lógica hierárquica entre eles. Por exemplo, com o passar do tempo, as pessoas que têm mais tempo de "casa" conhecem muito mais o funcionamento da instituição do que aqueles que nela ingressaram recentemente. Um preso que esteja há 20 anos cumprindo pena pode se tornar uma espécie de conselheiro para os administradores, pois ele está lá dentro mais tempo do que, inclusive, a maioria dos funcionários da instituição. Ele consegue, com isso, ter uma visão muito mais profunda das relações entre pessoas e grupos no cárcere.

A mesma noção vale para outras instituições. Imagine um estudante do último período de um curso de graduação. Esse estudante faz parte de um grupo que, dentro da faculdade, é o mais experiente daquele curso. Os calouros apenas sonham em chegar, após anos de estudos, ao ponto de estarem prestes a colar grau. Contudo, a saída tão desejada da instituição (formatura ou final da execução penal) significa deixar o **topo** de uma microestrutura social e o ingresso no "fundo" de um ambiente maior (a sociedade geral) (Goffman, 1961). Portanto o preso deixará de ser aquele que mais conhece a prisão para se tornar um ex-presidiário, bem como o veterano deixará de ser o aluno mais experiente entre os acadêmicos daquele curso e será um recém-formado, possivelmente sem experiência profissional alguma. Desse modo, as instituições totais mostram que compõem facetas de um mesmo fenômeno (controle social): o ex--presidiário e o estudante recém-formado são, cada um em sua área profissional, a mão de obra mais barata do mercado de trabalho.

— 3.2.3 —
Subjetividade encarcerada e prisionização

Embora o conceito de *instituições totais* contribua imensamente para a compreensão do funcionamento do cárcere e de suas semelhanças funcionais com outras instituições de controle social, é preciso ter em mente que a categoria tem limitações e, por isso, não devemos adotá-la acriticamente para a leitura da realidade social (especialmente a brasileira). Um dos principais problemas já aparece no próprio nome da categoria: a ideia de totalidade, pois, no caso de instituições como escolas, universidades, hospitais e quarteis, sabemos que há um profundo intercâmbio de informações entre o "dentro" e o "fora", e, sobretudo contemporaneamente, com a facilidade de acesso a aparelhos como *smartphones*, a troca de informações é tão dinâmica que os muros das instituições totais já não mais as transformam em uma microssociedade, isolada da sociedade geral.

Logicamente, já seria possível lembrar que a presença de *smartphones* também é amplamente difusa nas instituições do sistema penitenciário. O ponto, no entanto, vai muito além da simples troca de informações e mensagens. A produção cultural nas relações sociais são mais complexas e transbordam os muros das instituições prisionais a tal ponto que, muitas vezes, é difícil saber o que é "dentro" ou "fora". Christie (2000), na obra *Crime Control as Industry: Towards Gulags, Western Style*, menciona um exemplo sobre a forma como a moda conseguiu cooptar uma situação que tem origem em peculiaridades das instituições penitenciárias. De acordo com o sociólogo, nos Estados Unidos, o uniforme prisional costuma ser comprado em larga escala e com tamanhos maiores (pois é mais fácil alguém vestir um número maior do que menor). Além disso, é proibido o uso de cintos para manter as calças no lugar, a fim de evitar que sejam utilizados como armas ou para o suicídio. Por isso, é comum entre os presos que as calças dos uniformes da prisão fiquem caindo para o meio das nádegas ou das pernas. Essa moda de usar as calças "caindo pelo meio da bunda" é, assim, uma situação originada de uma peculiaridade das prisões estadunidenses e que foi incorporada à moda como símbolo de *status* por grupos musicais de *rap* e *hip-hop*. Pela difusão cultural assimétrica centro-periferia (vinda dos Estados Unidos e incorporada/adaptada no Brasil), essa prática difunde-se também entre nós.

É possível ir ainda além para demonstrar como os muros do cárcere são muito mais "permeáveis" do que estipulou Goffman (1961). Quando o assunto envolve instituições totais, um dos fenômenos percebidos pelos estudiosos do tema é o processo que o interno realiza ao moldar sua identidade como alguém que pertence a esse grupo social de "internos". É como se o interno passasse a se enxergar como membro desse novo "grupo" e adotasse características associadas a ele. Abstratamente, fica difícil de explicar, mas vamos exemplificar: imagine uma pessoa que completou 18 anos e realizou o alistamento militar. Após passar por todos os procedimentos de seleção, foi convocada a se apresentar para o início do serviço militar. Naquele primeiro dia, quando estava se apresentando, envergonhado, sem saber exatamente como seriam os próximos anos de sua vida, é apenas um adolescente (essa é sua "identidade") iniciando o serviço militar. Após um ano de formação do treinamento obrigatório (especialmente se optou por seguir engajado, prestar concurso e tornar a atividade militar sua carreira profissional), há grandes chances de que tenha internalizado não apenas as regras da instituição total, mas também de que parte de sua identidade tenha sido moldada por símbolos militares, que assumem um contorno muito peculiar para cada sujeito. Pode ser que tenha gostado da rigidez da disciplina, da hierarquia, e passa a "se comportar" como militar, essa é sua subjetividade; quando se olha no espelho, vê um militar.

Quando falamos em um interno assumindo a identidade de interno, é dessa nova subjetividade que tratamos. É o estudante moldando seu comportamento a partir de expectativas sociais sobre o que significa ser estudante; é o trabalhador da fábrica se identificando com o que significa ser trabalhador fabril; é o doente mental em um hospital psiquiátrico passando a se entender como "doente mental" e correspondendo a expectativas sociais em torno do estigma. No caso do preso, também ocorre um fenômeno similar: é muito comum que a pessoa que cumpre pena em estabelecimento penitenciário assuma a identidade de presidiário e que torne símbolos associados a essa figura elementos componentes de sua subjetividade. É por isso que pessoas que não estudam criminologia, muitas vezes, surpreendem-se com entrevistas jornalísticas na prisão quando a pessoa diz: "Sou bandido mesmo!". Isso não é uma aberração, mas, ao contrário, é a instituição penitenciária funcionando exatamente com seu propósito: desconstruiu a subjetividade anterior (**processo de mortificação**) deixando espaço para a formação de uma identidade do interno (o presidiário, o bandido, o criminoso).

Esse fenômeno específico de o preso **assumir para si** a identidade de presidiário é chamado pelos criminólogos de *prisionização*; "trata-se da assunção das atitudes, dos modelos de comportamento, dos valores característicos da subcultura carcerária" (Baratta, 2002, p. 184). Além disso, tem sido verificado que essa influência do cárcere na subjetividade vai além das pessoas que cumprem pena. É possível que familiares e comunidades inteiras sejam socializados em elementos simbólicos do cárcere, mesmo quando não tenham sido formalmente criminalizados. Para aludir a esse "transbordar da identidade criminalizada", os autores têm começado a usar a expressão *prisionização secundária*.

Uma primeira versão dessa categoria foi trabalhada por Comfort (2003), que explorou essa noção ao realizar um estudo etnográfico sobre mulheres que iam visitar parentes e amigos na Penitenciária de San Quentin (no Estado da Califórnia, Estados Unidos). A pesquisadora percebeu que as mulheres entrevistadas, embora não estivessem cumprindo pena, eram forçadas a entrar na mesma dinâmica de controle social destinada aos presos. Precisavam adequar a roupa aos padrões exigidos pela penitenciária e se submetiam à privação de bens, à dominação e a contatos físicos não desejados (nas revistas pessoais), além do tratamento estigma. Posteriormente, Comfort (2003) refinou o conceito para indicar de forma mais direta que a prisionização secundária permite observar como os familiares dos presos (ao visitá-los) também passam por transformações de subjetividade (comportamento, fala, aparência física, sexualidade) pela internalização de símbolos referentes à instituição.

No Brasil, Freitas Jr. (2017) fez uma pesquisa semelhante, embora com considerável originalidade, na qual observou uma dimensão ainda mais ampla do fenômeno[1]. Enquanto o olhar de Comfort foi direcionado apenas para os familiares dos presos, à medida que têm contato direto com a instituição penitenciária, o pesquisador brasileiro percebeu que há comunidades inteiras entrelaçadas com o processo de criminalização em razão dos padrões da seletividade que as sobrecriminalizam – aquilo que veio a denominar de *quebrada*. Isso significa que há uma permuta identitária muito mais dinâmica entre a realidade

---

[1] Freitas Jr. não trabalha a partir da obra de Megan Comfort. A percepção ampliada (e mais correta) do fenômeno é fruto de suas investigações acadêmicas, o que demonstra ainda mais o mérito acadêmico de suas pesquisas. As características percebidas por Renato Freitas Jr. não são especificidades brasileiras. Um exemplo estrangeiro pode ser encontrado na comunidade que se convencionou chamar de *Skid Row*, na cidade de Los Angeles, Estados Unidos. Consiste essencialmente em um "depósito de gente"; é onde a cidade juntou todas as pessoas desabrigadas e sem residência fixa. O local é bastante assolado por problemas de saúde física e mental, e a resposta a esses problemas é normalmente pela via penal (policial), e não por meio da assistência social. A comunicação simbólica e institucional entre o cárcere e *Skid Row* forma quase um contínuo. A própria forma "guetoizada" da comunidade turva o significado da pena privativa de liberdade, porque é composta por pessoas "livres", mas presas nos limites definidos pela administração da cidade (Mungin, 2016).

intra e extramuros. Com isso, é bastante comum encontrar pessoas na "quebrada" que definem suas subjetividades a partir de elementos simbólicos tradicionalmente associados à cultura carcerária, ainda que essas pessoas jamais tenham sido formalmente criminalizadas. Esse fenômeno faz com que muitas pessoas inseridas nesses grupos sociais, caso venham a ser presas, já dominem o funcionamento da lógica penitenciária (formal e informal), demonstrando que há uma ligação, uma continuidade, entre a prisão e a "quebrada".

Para esses espaços e grupos sociais, o cárcere não é sinônimo de isolamento e de distanciamento (instituição total), mas sim a representação de um fenômeno social de extrema proximidade. Embora a noção de *instituições totais* contribua para a compreensão da proximidade entre diversas instituições sociais que, à primeira vista, não seriam relacionadas, pesquisas adicionais aprimoram a categoria. Devemos compreender que é uma contribuição importante, porém, insuficiente para explicar a integralidade do funcionamento do cárcere. Um desses avanços está em perceber a existência de "algo compartilhado" entre as instituições totais, mais especificamente, um conjunto de técnicas.

— 3.2.4 —
Poder disciplinar

As técnicas comuns às instituições analisadas são empregadas para o "adestramento" de pessoas. Embora a expressão possa parecer forte (porque é normalmente associada a animais), é exatamente isso que está em jogo em todas as instituições de controle. O adestramento de animais serve para, primeiramente, controlá-los (para evitar um comportamento não desejado) e, em segundo lugar, para direcionar o comportamento para uma finalidade positiva (fazer algo que se deseja). O conjunto dessas técnicas de "adestramento humano" usado pelas instituições de controle é o que Foucault (2003) denomina *poder disciplinar*.

A questão de Foucault (1998) é observar o poder não como algo que se tem ou como uma grande narrativa histórica linear. Poder é "algo" que se exerce, que se manifesta como ação em relações sociais. É importante entender o exercício de poder não como algo centralizado em grandes polos, como se houvesse um grande poderoso que só tem poder e o dominado que só obedece. O poder é exercido em pequenas conexões, mas que se formam em grande quantidade na sociedade.

> O poder deve ser analisado como algo que circula, ou melhor, como algo que só funciona em cadeia. Nunca está localizado aqui ou ali, nunca está nas mãos de alguns, nunca é apropriado como uma riqueza ou um bem. O poder funciona e se exerce

em rede. Nas suas malhas os indivíduos não só circulam mas estão sempre em posição de exercer este poder e de sofrer sua ação; nunca são o alvo inerte ou consentido do poder, são sempre centros de transmissão. Em outros termos, o poder não se aplica aos indivíduos, passa pode ele. (Foucault, 1998, p. 183)

Por isso, seriam relações capilarizadas, como vários fios de cabelo – finos, frágeis e em grande número. Por exemplo, para entender o controle social, mais relevante do que focar exclusivamente na decisão do presidente da República, teríamos de compreender a decisão do guarda de trânsito ao aplicar a multa, do professor ao escolher aprovar ou reprovar um aluno, do atendente de uma loja em aceitar ou não uma forma de pagamento etc.

Muito provavelmente você já teve a experiência de ligar para o teleatendimento de alguma empresa para falar sobre um problema e, depois de ser jogado de um lado para outro sem qualquer perspectiva de solução, um atendente finalmente resolve tudo e de forma muito simples. Do outro lado da linha poderia estar um juiz, um policial, um delegado, mas quem exerce o poder é o teleatendente – profissão que não costuma ser associada ao exercício de poder.

Para Foucault (1998), essa é a dinâmica que importa, é o poder efetivamente exercido e que molda nossa existência em uma sociedade complexa. Uma dessas formas de poder é o que ele chamou de *poder disciplinar* que, junto à disciplina, está no coração de instituições como a prisão.

No caso do exercício institucional de poder, *disciplina* (ou poder disciplinar) é um conjunto de técnicas para o bom adestramento individual. E, por trás dessas técnicas, existe uma gama gigantesca de conhecimentos, pois cada instituição disciplinar exerce essa técnica de controle e poder sobre pessoas com a finalidade de fazer aquilo que promete. Por trás da técnica de uma escola em ensinar alunos, há uma profunda articulação de saberes: como fazer os exercícios em sala, como avaliar, quais metodologias aplicar e, claro, o conhecimento por trás do próprio conteúdo explicado. Para desenvolver tudo isso, foi necessária uma quantidade enorme de pesquisas sobre metodologias ativas, tecnologia de informática para transmitir as aulas gravadas, mídia e edição de imagem.

Ainda que os alunos estejam apenas vendo o professor, para executar um curso são necessários um volume de conhecimento enorme e a soma de esforços de vários profissionais de áreas muito diferentes. Tudo isso seria apenas o começo. É possível ainda acrescentar os saberes sobre a limpeza e a higienização do local, a segurança, a construção do prédio e sua execução (dos fundamentos ao acabamento).

Importante!

Já sabemos que a prisão moderna é diferente de, por exemplo, uma masmorra medieval. Uma das razões disso é o fato de a pena corporal ser simples e não ter segredo. Para executar uma pena de decapitação, basta pegar a guilhotina ou um machado e cortar a cabeça de alguém. Para isso, basta apenas um profissional: o carrasco. Mas a pena moderna é mais do que isso. É necessário moldar (adestrar) o corpo e o espírito do detento; não basta ensiná-lo a trabalhar, é preciso fazer com que ele queira trabalhar; não basta ensiná-lo a não cometer crimes, é necessário que ele queira não cometer mais crimes (Foucault, 2003).

Isso envolve uma quantidade muito grande de técnicas e que estão na base do funcionamento da prisão. Apenas o carrasco não é mais suficiente. O juiz tem de saber exatamente qual pena aplicar, os psicólogos fazem o exame criminológico e verificam quando e se é possível progredir de regime, os agentes penitenciários fazem o controle dos horários, os pedagogos propiciam os cursos profissionalizantes, os assistentes sociais controlam as condições do cumprimento da pena. Foucault (2003) diria que o cárcere substituiu o carrasco medieval por uma quantidade enorme de profissionais diferentes, exercendo cada um deles o controle sobre uma parte diferente do preso. O nome disso é disciplina: a técnica para controlar cada pedacinho da pessoa internada nessas instituições: o aluno, o militar, o paciente, o preso.

Apesar das peculiaridades de cada instituição, a base do funcionamento da disciplina é a mesma em todos os casos. As três principais ferramentas são: **vigilância hierárquica**, **sanção normalizadora** e **exame** (Fonseca, 2004).

Vigilância hierárquica

A vigilância hierárquica é exercida de modo vertical (de cima para baixo) e pode ser vista não apenas nas relações entre as pessoas, mas também na separação entre um superior hierárquico e seu subordinado. De acordo com Foucault (2003), até mesmo escolhas da arquitetura e organização do espaço físico servem para o exercício dessa dimensão de poder.

Você já percebeu como, em alguns estabelecimentos de ensino, as portas das salas têm uma pequena janela de vidro que permite, com facilidade, enxergar o que está sendo feito na sala de aula? Já percebeu a organização tradicional dentro das salas: com os alunos organizados em fila, todos de frente para o professor, enquanto o professor, de pé, consegue enxergar todos os alunos? Esses pequenos detalhes fazem parte da vigilância hierárquica, que permite controlar e fiscalizar cada ação das pessoas nas instituições. Contudo, o exercício desse poder não é limitado à pessoa mais óbvia (como um professor ou um diretor). A vigilância é feita por todos nessa pirâmide: o fiscal do corredor, o segurança, outros alunos que passem e olhem para dentro. Na sala de aula, o professor controla os alunos, mas os alunos também fiscalizam: tanto o professor quanto os demais alunos. Por isso, a vigilância hierárquica é difusa e silenciosa; fiscaliza a todos discretamente e sem pausa (Foucault, 2003).

Sanção normalizadora

De acordo com Foucault (2003), a sanção normalizadora é o instrumento duplo de punição e recompensa que funciona no coração da disciplina, que, por sua vez, por ter de cumprir a finalidade de determinar comportamentos, precisa ser mais uma forma de aprendizado (adestramento) do que um modo de destruição do corpo. Nesse sentido, a normalização articula um conjunto de instrumentos de reforços (positivo ou negativo) de comportamentos. De um lado, há formas de castigo que tendem a reforçar o comportamento oposto daquele punido. Por exemplo, a técnica de fazer o aluno (que errou a ortografia de uma palavra) escrever manualmente a mesma expressão dezenas de vezes de modo repetido. Do outro lado, formam-se mecanismos de recompensa (reforço positivo). Assim como o cachorro que ganha um biscoito quando atende ao comando do adestrador, é possível fazer o mesmo com as pessoas. Seja o desconto de uma mensalidade escolar com uma bolsa de estudos ou a progressão de regime prisional, a função é a mesma – reforçar o comportamento valorado positivamente. Mas tão importante quanto a distribuição de castigos e recompensas é a construção de uma estrutura hierárquica entre o "bom" (disciplinado) e o "mau" (indisciplinado).

> A divisão segundo as classificações ou os graus tem um duplo papel: marcar os desvios, hierarquizar as qualidades, as competências e as aptidões; mas também castigar e recompensar. Funcionamento penal da ordenação e caráter ordinal da sanção. A disciplina recompensa unicamente pelo jogo das promoções que permitem hierarquias e lugares; pune rebaixando e degradando. O próprio sistema de classificação vale como recompensa ou punição. (Foucault, 2003, p. 151)

A hierarquia formada pela sanção normalizadora é um meio muito importante para reconstruir a subjetividade destruída pelo processo de mortificação. É aqui que o interno vai refazendo sua identidade e forma novos vínculos de solidariedade com os colegas que passam pela mesma situação. Nesse processo, a pessoa vai incorporando em sua subjetividade as etiquetas institucionais que ela recebe, não importando se são boas ou ruins. Na escola, o estudante com fama de "bom aluno" pode acabar estudando mais para poder manter essa percepção externa. O aluno rebelde pode não participar das aulas ou deixar propositadamente de fazer as tarefas de casa, seja pela percepção de que o "fracasso" faz parte de sua identidade (internalização das etiquetas) ou para manter o capital simbólico de uma má-fama. Mesmo os símbolos negativos podem ter um valor para quem está dentro da instituição. Por isso, quem não está no mundo institucional da prisão pode considerar estranho quando um preso assume declaradamente a etiqueta do "bandido" ou que realmente é capaz de cometer atos de violência. Na prisão, ter a fama de "bandidão" pode significar ter mais prestígio ou segurança (que outros presos ou funcionários não vão tentar lhe prejudicar).

Exame

Por último, o exame é uma técnica de medição aplicada de modo amplamente ritualizado; com perguntas, respostas, notas e graus, serve para classificar, separar e individualizar as pessoas. Você pode até estar pensando nos sistemas de avaliações nas instituições de ensino, mas esse ritual vai muito além: é usado pelo psiquiatra no diagnóstico de patologias mentais, pelo agente na entrevista com o preso para a progressão de regime, pelo médico no diagnóstico do paciente e pelo gestor de recursos humanos na contratação de um trabalhador (Foucault, 2003). Desse modo, não é limitado apenas a provas e a questionários, uma vez que envolve também todas as formas de teste, medição e registro individual (por exemplo, os exames médicos de rotina).

O exame inverte a visibilidade dos sujeitos na relação de poder. Quando pensamos em poder, normalmente a figura que vem primeiro à mente é o "poderoso" (quem exerce o poder). No exame, toda a atenção é voltada ao examinado (sobre quem se exerce o poder). Essa visibilidade é reduzida a registros e documentos, uma vez que o exame grava a história disciplinar do indivíduo. Na universidade, são os diários de classe, com presenças e ausências ou o currículo acadêmico de cada estudante, as disciplinas cursadas e suas notas. Assim, as instituições disciplinares descrevem seus internos minuciosamente a partir de todos esses eventos: datas e horas dos acontecimentos e seus resultados. Os documentos das instituições disciplinares convertem e limitam a subjetividade às informações documentadas; a pessoa "é" a sua ficha disciplinar. E isso leva ao último elemento dessa técnica de controle: o conjunto de todos os dados registrados torna cada sujeito um caso diferente. Capazes de separar e classificar, cada pessoa pode ser disciplinada individualmente – é o adestramento "sob medida" para aquela pessoa (Foucault, 2003).

Com base no que estudamos até aqui, é possível perceber que essa estrutura de poder disciplinar não é uma exclusividade do cárcere. São ferramentas e técnicas encontradas na família, na religião, no trabalho, na escola etc. Por isso, as instituições disciplinares formam um contínuo; fazem parte de um mesmo emaranhado de relações de controle social. De forma ilustrativa, basta pensar que as primeiras faculdades de Direito no Brasil tinham um estatuto disciplinar (emitido em decreto imperial em 1854) que previa punições aos alunos que violassem regras de comportamento. Para os casos mais graves, era possível, inclusive, a privação da liberdade, deixando o aluno sair apenas para assistir às aulas (Venancio Filho, 2004).

> Devemos nos admirar que a prisão celular, com suas cronologias marcadas, seu trabalho obrigatório, suas instâncias de vigilância e de notação, com seus mestres de normalidade,

que retomam e multiplicam as funções do juiz, se tenha tornado o instrumento moderno da penalidade? Devemos ainda nos admirar que a prisão se pareça com as fábricas, com as escolas, com os quartéis, com os hospitais, e todos se pareçam com as prisões? (Foucault, 2003, p. 187)

No campo específico da criminologia, a compreensão das instituições disciplinares abre caminho para entender a conexão (ainda muito atual) entre a sanção penal e a disciplina do trabalho. Se a prisão moderna é criada como forma de resolver o problema da desocupação na formação das cidades capitalistas, não é grande surpresa que exista um elo indissociável entre o controle penal e o controle nas relações produtivas.

— 3.3 —
Cárcere e fábrica: produzir ou punir?

A pena privativa de liberdade tem uma difícil tarefa: fica o tempo todo no fio da navalha entre a punição e a produção. De um lado, é criada para ser um "grande curso profissionalizante" (responder ao problema da desocupação e da criminalidade de rua), mas também deve ser uma punição – para garantir que as pessoas não queiram passar várias vezes pela mesma experiência. De um lado, precisa inserir no preso o "espírito do capitalismo", fazendo com que ele tenha **amor pelo trabalho** e que a acumulação de capital seja sua razão de viver. Por outro lado, necessita tornar essa **experiência a mais miserável possível**. O projeto social por trás da prisão é, então, insano, porque ninguém vai criar amor por uma experiência que lhe representa sofrimento. O cárcere não é criado como uma resposta a todo e qualquer crime, mas como resposta a um tipo específico de crime associado a um tipo específico de pessoa – pobres e desempregados – e, como a pena é pensada (em sua origem) para formar trabalhadores, terá uma finalidade declarada de treinamento para o mercado de trabalho. Por outro lado, deve também punir, porque é uma resposta ao crime, mas precisa punir sem prejudicar a capacidade de trabalhar. Então, converte o treinamento em punição. No entanto, os dois elementos estão em uma profunda tensão: treinar sem punir parece uma recompensa ao crime. Seria como um anúncio publicitário dizendo: "Cometa um crime e ganhe um curso de qualificação profissional com tudo pago". Só que punir sem treinar torna o cárcere um sofrimento inútil. É como se fosse um anúncio publicitário ainda mais cínico: "Fique ocioso por anos e saia daqui ainda mais despreparado para a inserção no mercado de trabalho". A história da punição moderna é a tentativa de resolver essa tensão.

 Essa contradição essencial entre produção e punição faz com que a história da pena moderna flua como um movimento pendular entre um e outro extremo. Quando o cárcere se torna um espaço altamente produtivo e eficiente, compete com o capital e o trabalho livres, transformando-se em um risco econômico. Nos momentos em que a prisão é apenas um depósito de gente mantida na ociosidade, torna-se o puro desperdício de dinheiro e de tempo, inserindo os presos em um ciclo interminável de criminalização.

No primeiro momento, temos a hipótese de transformar o cárcere em um espaço produtivo eficiente. De forma ilustrativa, já nas primeiras experiências penitenciárias nos Estados Unidos, muitas variações sobre o mesmo tema foram tentadas. É possível citar ao menos estes exemplos básicos:

- **Conta pública** (*public account*): o cárcere é transformado em uma espécie de empresa privada, que usa a mão de obra dos detentos para produzir produtos e vendê-los no mercado privado, convertendo o lucro para os cofres públicos. Desse modo, os produtos ganham preços acessíveis, pois há uma grande economia com salários (Melossi; Pavarini, 2006).
- **Contrato** (*contract*): esse modelo, que costuma ser duas vezes mais rentável para os empresários do que o da conta pública, consiste na contratação dos detentos, que trabalham dentro do cárcere e recebem preços fixos pela jornada de trabalho. A matéria-prima para produção costuma ser fornecida pelo contratante, ao passo que o maquinário para isso costuma ser da administração da penitenciária (Melossi; Pavarini, 2006).
- **Preço por peça** (*piece-price*): a administração da produção dos presos fica sob inteira responsabilidade da administração carcerária. Os empresários, por sua vez, além de fornecer as matérias-primas, pagam por peça produzida (Melossi; Pavarini, 2006).

- **Leasing system**: foi o mais difundido, consistindo em uma espécie de aluguel pago por um empresário com a finalidade de obter o direito de explorar a estrutura disponível e a força de trabalho dos presos. A administração deste ficava inteiramente a cargo da iniciativa privada, e todos os gastos eram por ela arcados. Como uma parte considerável dos custos para a manutenção da estrutura produtiva no cárcere era responsabilidade do empresário, a administração pública sempre teria vantagem econômica com essa forma de concessão (Melossi; Pavarini, 2006).
- **Uso estatal** (*State-use*): é o modelo que desperta menos reclamações dos sindicatos e dos empresários. Trata-se de um uso estatal da mão de obra carcerária em que é a administração pública fica responsável pelos gastos, e tudo o que é produzido vai para órgãos públicos ou é consumido dentro do próprio presídio (Melossi; Pavarini, 2006).
- **Obras públicas** (*public works*): também é uma forma de uso estatal da mão de obra carcerária, mas, nesse modelo, os presidiários trabalham fora como mão de obra de construção de obras estatais, a exemplo de estradas, pontes, ferrovias etc. (Melossi; Pavarini, 2006).

Ainda de acordo Melossi e Pavarini (2006), esses modelos costumam estar situados entre duas formas extremas de gestão do trabalho do preso:

1. **Trabalho totalmente organizado pelo Estado**: o controle disciplinar do trabalho é feito pelos próprios agentes penitenciários. As mercadorias produzidas não concorrem com a produção livre (a própria administração absorve essa produção). Os trabalhadores não são remunerados, e o processo de produção é pouco eficiente (baixa industrialização).
2. **Trabalho totalmente gerido por um empresário privado**: a empresa é responsável por manter o trabalhador e a disciplina do trabalho. As mercadorias produzidas circulam nos mercados livres. Há formas de "remuneração" salarial do preso. O processo produtivo é mais eficiente (sendo possível, inclusive, a industrialização).

Contudo, tanto as situações extremas quanto as combinações entre elas podem gerar uma reação de estranhamento. É possível que você esteja pensando que essas ideias seriam ótimas se fossem implementadas na prisão, afinal, o preso seria empregado de modo útil e a produção poderia ser usada para diminuir os custos com o sistema penitenciário ou até para o desenvolvimento de uma atividade lucrativa. A implementação dessas ideias, porém, não é tão simples e encontra dificuldades a todo o momento.

Primeiramente, há uma resistência muito grande de grupos empresariais ao emprego do trabalho de presos. E não se trata de uma oposição moralista (empregar pessoas que foram condenadas por crimes). Quando é disponibilizada a exploração privada da força de trabalho dos presos, ocorrem profundas disputas entre os empresários para conseguir a concessão, pois conseguem acesso a um trabalhador com uma remuneração mais baixa do que aquele no mercado de trabalho formal. Aqueles empresários que perdem nessa disputa ficam em desvantagem, pois precisam competir contra uma concorrência que tem um custo de produção menor do que o seu e, consequentemente, operam com margens mais vantajosas. Em síntese, o empresário que ganha, celebra; o que perde, faz oposição (Melossi; Pavarini, 2006).

A exploração produtiva do trabalho do preso também gera resistência das organizações de trabalhadores livres, pois a remuneração abaixo do salário praticado no mercado pressiona os salários dos trabalhadores livres. Aquele empresário que precisa lidar com uma concorrência (que se beneficia do trabalho mais barato de presos) é forçado a operar de modo menos lucrativo. As opções acabam sendo correr o risco de falência, forçar a redução da remuneração de seus empregados ou demitir alguns trabalhadores e reduzir as condições de trabalho daqueles que permanecerem empregados. Logo, o aumento dessa pressão sobre os trabalhadores livres faz com que eles também se somem à oposição política do emprego de trabalhadores encarcerados (Melossi; Pavarini, 2006).

Se considerarmos o fato de que a implementação de políticas de trabalho penitenciário espelha o espaço produtivo externo, a situação é ainda mais grave. Em regiões rurais, os presos trabalham em atividades rurais; em regiões industriais, são exercidas atividades industriais. Logo, tanto o empresariado quanto os trabalhadores locais sentem a pressão econômica do uso da força de trabalho no cárcere (Melossi; Pavarini, 2006).

Também é necessário ponderar que medidas adicionais de segurança devem ser implementadas no ambiente penitenciário, ou seja, não é trivial para a administração pública a implementação de uma atividade produtiva dentro de uma penitenciária. Imagine os riscos em uma dinâmica de conflitos de grupos internos quando os presos são colocados com acesso a ferramentas e maquinários potencialmente letais. Do mesmo modo, há o risco para os próprios agentes penitenciários, que precisam lidar com a segurança e a disciplina em um contexto ainda mais complexo (Melossi; Pavarini, 2006).

Além disso, existe oposição de grupos filantrópicos, religiosos ou movimentos sociais, pois o emprego da força de trabalho encarcerada lida com dificuldades também no campo ético. Vamos pensar que, se o trabalho não tiver qualquer remuneração, seria essencialmente a instituição do trabalho escravo, mas, por outro lado, havendo uma remuneração menor, seria uma forma declarada de interesse no aumento do encarceramento, e não sua diminuição. Desse modo, passaria a ser mais interessante (do ponto de vista público e privado) o aumento da massa de pessoas encarceradas e o tempo de duração das penas, para legitimar a exploração do trabalho mais barato. Isso gera um conflito porque os grupos economicamente beneficiados por essa política passam a querer "mais criminalidade", e não o inverso (Melossi; Pavarini, 2006).

Não devemos ignorar que a própria legislação da execução penal no Brasil de hoje é pensada exatamente nessa ideia de utilização ampla e eficiente do trabalho do preso. Como a clientela tradicional do cárcere é, em quase sua totalidade, oriunda de grupos desempregados ou subempregados, a integração do condenado a "harmônica integração social do condenado" (art. 1º da Lei n. 7.210, de 11 de julho de 1984) significa, portanto, "regresso" a esse mesmo espaço econômico antes por ele ocupado. Como não são pessoas com acesso a grande volume de capital para abrir um empreendimento privado, o trabalho é a única alternativa. Para isso, todo o processo disciplinar deve ser direcionado para "ensinar" ao preso a disciplina da fábrica (forma específica de subordinação) e garantir que a pessoa – após a execução penal – deseje (tenha vontade) buscar vender sua força de trabalho.

O trabalho está, por essa razão, no centro da execução penal e é, simultaneamente, **direito** e **obrigação** do preso (respectivamente, art. 41, inciso II, e art. 31 da Lei n. 7.210/1984). É como se você tivesse um direito que você é obrigado a exercer. A tensão entre produção e punição aparece também no texto normativo, que prevê ter no trabalho uma "finalidade educativa e produtiva" (art. 28 da Lei n. 7.210/1984). Igualmente, a disciplina (expressão presente no texto normativo) consiste, entre outras coisas, no cumprimento do trabalho. Isso significa que o preso, com direito e obrigado ao trabalho (o qual, por sua vez, é parte integrante do gênero disciplina), está também obrigado à disciplina.

As demais tensões continuam aparecendo na legislação brasileira. O "salário-mínimo" do preso é menor do que o salário-mínimo nacional (Brasil, 1984). Portanto, a utilização do trabalho do preso gera uma tensão potencial com a força de trabalho livre, externa ao cárcere. Adicionalmente, esse modelo industrial ou rural do trabalho na prisão é a ideia por trás do regime semiaberto.

De acordo com o art. 33, parágrafo 1º, alínea "b", do Código Penal (Lei n. 2.848, de 7 de dezembro de 1940), o estabelecimento para cumprimento da pena em tal regime seria a colônia agrícola ou industrial. Nesse sentido, a ideia seria, literalmente, a criação de um estabelecimento para a produção capitalista eficiente (seja como trabalhador rural, seja industrial). Na maior parte dos casos, faz-se o uso de colônia agrícola, e a produção local consiste essencialmente na plantação de hortaliças em pequena escala para consumo pela cozinha do estabelecimento prisional. Portanto, em um ambiente urbano, esse trabalho é inútil após o cumprimento da pena e, no espaço rural, não prepara o trabalhador para a produção em larga escala (por exemplo, com operações de colhedeiras mecânicas).

Tendo em vista essas dificuldades de tornar o cárcere um espaço produtivo, é mais comum que permaneça como um ambiente da pura punição. O trabalho (direito e dever) é deixado de lado, e a sanção penal acaba sendo apenas um espaço de ócio. O problema principal, quando as políticas produtivas fracassam no cárcere, é que o público-alvo (desempregados e subempregados) permaneça nas mesmas condições que os fizeram criminalizados. Para piorar, a passagem pelo cárcere ainda agrava essas condições e tornam os indivíduos ainda mais vulneráveis.

Em primeiro lugar, aquele que passou pelo cárcere aprendeu, de fato, os códigos internos da instituição – do período da punição, o preso aprende, antes de mais nada, a ser presidiário (Goffman, 1961). Do lado de fora, na competição pela possibilidade de venda da própria força de trabalho, aquele que tem o estigma do sistema penal está com uma desvantagem adicional. Ter "antecedentes criminais" é um fator a mais de dificuldade para a inserção no mercado de trabalho.

Esse elemento e tantos outros fatores constituem a base para a geração de ciclos de desvio e seleções sucessivas, conceito que se convencionou chamar de *desvio secundário*. Embora já tenha sido objeto de algum desenvolvimento em uma das primeiras obras de Lemert (1951), mais de 15 anos depois, o autor retornou ao tema para desenvolvê-lo mais profundamente:

> Desvio secundário refere-se a uma classe especial de respostas socialmente definidas, respostas estas que as pessoas dão a problemas criados pela reação social ao desvio. Esses problemas são essencialmente morais e giram em torno de estigmatização, punições, segregação e controle social. Seu efeito

geral é diferenciar o ambiente simbólico e interacional ao qual a pessoa responde, de tal modo que a socialização inicial ou adulta seja afetada. Eles se tornam fatos centrais de existência para aqueles que os experimentam, alterando estrutura psíquica, produzindo organização especializada de papeis sociais e atitudes autorreferenciadas. Ações que tenham esses papeis e atitudes como referenciais correspondem ao desvio secundário. O desviante secundário, em contraposição a suas ações, é uma pessoa cuja vida e identidade são organizadas em torno de fatos do desvio. (Lemert, 1967, p. 40-41, tradução nossa)

Essa noção de desvio secundário tem enorme importância para a sociologia do desvio, pois traz a lume essa tensão na tentativa de inserção do preso no mercado de trabalho. De acordo com Motta (2015a, p. 116),

a reação social que segrega e marca socialmente não apenas não evita, como pode gerar uma espiral da carreira desviante. Isso significa que, dentro de uma perspectiva correcional de política criminal, aquelas medidas que possuem a finalidade declarada de "corrigir" o indivíduo podem acabar potencializando o efeito contrário.

No âmbito desse "efeito contrário", podemos citar exemplos como a formação de solidariedade entre os destinatários do controle social, a geração de uma subcultura desviante etc., de tal modo que a própria subjetividade pode estruturar-se na forma de uma reação à reação social. Logicamente, os problemas derivados desse processo são inúmeros e qualquer tentativa de enfrentar a questão desde o ponto de vista tradicional, que ignore o desvio secundário, esbarra em mais essa barreira.

Importante!

> Essa é a eterna tensão entre o cárcere e a fábrica; entre a produção e a punição. Se o cárcere se torna produtivo, recebe oposição de empresários e de trabalhadores formais; se for apenas um espaço de ociosidade, em nada muda seu público-alvo, que passa a ter ainda mais chances de ser selecionado. O condenado, recrutado das fileiras da pura força de trabalho, é adestrado para entender que o caminho que se lhe apresenta é um círculo vicioso: como não tem trabalho, vai ser preso; na prisão, vai aprender que deve trabalhar; só que não tem trabalho na prisão e vai ficar ocioso; quando sair do cárcere, aprendeu que não tem trabalho, vai continuar desempregado e vai ser novamente criminalizado.

A entrada no estabelecimento prisional apresenta ao preso a disciplina do trabalho. A pessoa é inserida em uma instituição com o objetivo aparente de o "*re*-inserir" na dinâmica de produção de valor (mais especificamente, em uma relação de trabalho formal). É assim que o cárcere seria declarado vitorioso, ao pronunciar "da fábrica vieste e à fábrica voltarás". É por isso que Juarez Cirino dos Santos (2008, p. 28) conclui: "a disciplina da fábrica é a base da disciplina da prisão e o aparelho penal (polícia, justiça e prisão) funciona como mecanismo central das classes e grupos sociais submetidos".

Essa fusão é tão próxima que o **regime aberto** de cumprimento de pena (que é o mais brando e, idealmente, o último que o preso experimenta antes de ser colocado em liberdade) resume a vida de um trabalhador formal. A regra do regime aberto é, durante o dia, trabalhar ou estudar e, à noite, voltar para o estabelecimento chamado *Casa do Albergado*. A realidade é ainda mais irônica, porque há cada vez menos casas do albergado no país (que são fechadas ou reestruturadas para outros regimes prisionais – como o semiaberto). Em caso de inexistência de Casa do Albergado, a forma mais comum de cumprir a pena é em prisão domiciliar[12]. Portanto, o regime aberto tem atualmente o seguinte significado prático: a pessoa deve passar o dia trabalhando ou estudando e, fora do horário de trabalho ou estudo, deve voltar para casa. Essa ironia da realidade faz com que **não exista diferença entre ser trabalhador ou ser um condenado cumprindo pena em regime aberto**. A realidade prática dos dois é a mesma.

Desse modo, fechamos o circuito existente na tensão entre produção e punição. O condenado é retirado da aparência de liberdade para trabalhar, para que lhe seja apontada sua verdadeira realidade de classe – não há opção, ou trabalha ou é preso

---

2 Essa ideia foi fixada pelo Supremo Tribunal Federal na Súmula Vinculante n. 56, com o seguinte teor: "A falta de estabelecimento penal adequado não autoriza a manutenção do condenado em regime prisional mais gravoso, devendo-se observar, nessa hipótese, os parâmetros fixados no RE 641.320/RS".

para "querer" trabalhar. A seletividade do sistema de justiça criminal comprova a **desigualdade** na distribuição do controle social. A pena **privativa de liberdade moderna** é a demonstração de que o proletariado não tem escolha ("opta" por uma relação de trabalho voluntariamente ou por meio de punição penal). Na analogia de Melossi e Pavarini (2006): ou a fábrica que é cárcere ou o cárcere que é fábrica.

Capítulo 4

*Perda de legitimidade
do sistema penal e respostas
à deslegitimação*

Com base nos questionamentos formulados pela criminologia em torno da forma de controle e reação sociais, vai se instaurando uma profunda crise de legitimidade no sistema penal. Logicamente, diante dessa dificuldade e da necessidade de resposta, caminhos distintos começam a ser pensados e implementados para tentar superar a situação crítica. O objetivo deste capítulo é apresentar os últimos questionamentos que terminam de formar a crise de legitimidade e, posteriormente, as principais tendências em política criminal para tentar resolver essa dificuldade – das tentativas de superação até as políticas de expansão do sistema penal.

— 4.1 —
Funções do sistema de justiça criminal

A análise das funções do sistema penal é dotada de uma curiosa ambiguidade: as orientações críticas que surgiram ao longo dos anos 1970 – criminologia crítica na Europa e criminologia radical nos Estados Unidos – promoveram um encontro da leitura marxista da economia política e da sociologia aplicada com o estudo das práticas punitivas, mas, em um curioso ecletismo acadêmico, essas orientações críticas incorporaram também ferramentas da orientação teórica funcional-estruturalista, que ganhou bastante força nos circuitos acadêmicos dos Estados Unidos.

Isso foi bem expressado por Juarez Cirino (2008), ao explicar que o principal avanço das leituras críticas em criminologia

é representado pela superação do paradigma *etiológico* tradicional e pelo **estudo do sistema punitivo como *sistema dinâmico de funções* do modo capitalista de produção**, negando o mito do direito penal igualitário: a crítica ao sistema punitivo concentra-se no processo de criminalização, destacando os mecanismos de produção e de aplicação de normas penais e de execução das penas criminais. (Santos, 2008, p. 44-45, itálico no original; negrito nosso)

A categoria de função é baseada em uma **metáfora organicista** – uma comparação entre a sociedade e o corpo de um organismo complexo (o ser humano, por exemplo). Para os autores funcionalistas, uma sociedade complexa produz a divisão e a especialização de tarefas entre instituições sociais. Basicamente, cada uma ficaria responsável por verticalizar e dedicar (profissionalmente) a integralidade de seu tempo a uma atividade: segurança, saúde, educação etc. Essas instituições seriam, cada uma em seu campo, responsáveis pelo funcionamento correto do "corpo social". Do mesmo modo que um corpo humano, se os órgãos e os sistemas estão desenvolvendo suas **funções** adequadamente, o organismo fica saudável, mas basta que um comece a falhar para que problemas apareçam. A mesma ideia seria aplicável a uma sociedade complexa (Radcliffe-Brown, 1935).

Merton (1968) expandiu essas ideias ao identificar dois tipos de funções desenvolvidas pelas instituições sociais:

1. **Funções manifestas/declaradas**: correspondem à tarefa desenvolvida pela instituição de modo intencional, conforme reconhecido pelos participantes do sistema.
2. **Funções latentes/reais**: aquelas que operam de modo silencioso, que não são intencionais ou reconhecidas pelos participantes do sistema.

Os criminólogos críticos incorporaram e adaptaram essas categorias, trabalhando antes com a ideia de que as funções manifestas cumprem uma tarefa simbólica, de justificação e legitimação do sistema, não necessariamente realizada na prática. Já as funções latentes podem até ser reconhecidas pelos agentes institucionais, mas não são declaradas, pois a realidade pode entrar em choque com os valores que legitimam o sistema social.

Ainda que tenha uma origem em uma vertente sociológica conservadora, o potencial que esse ecletismo proporcionou à criminologia é inegável. Para entender o resultado da deslegitimação do sistema penal, é preciso nos concentrarmos nessa separação funcional das práticas punitivas, porque, apesar dos avanços teóricos, essa mesma ambiguidade (ou ecletismo) produziu uma ruptura interna ao pensamento criminológico. A crise de identidade dos criminólogos críticos nunca foi muito bem resolvida e, de tempos em tempos, volta para "assombrar" os pensadores da área – que são forçados ao questionamento metodológico e a suas implicações nas teorias desenvolvidas. Esse problema é praticamente antecipado em interessante debate entre Howard Becker (1967) e Alvin Gouldner (1968)[1].

— 4.1.1 —
Funções declaradas (ou ideológicas)

Ideologia é uma categoria com diversos sentidos no pensamento sociológico. Para agravar a situação, há uma incorporação da expressão no vocabulário social de modo que muitas pessoas usam a palavra para deslegitimar algo apresentado por um interlocutor, aplicando o rótulo de *ideológico* à pessoa e(ou) ao pensamento. Por isso, é importante deixar claro que nosso objetivo aqui não é aprofundar os vários significados de *ideologia* nas

---

1 De um lado, Becker (1967) assume a importância de que o pensamento não deve restar confinado aos muros acadêmicos; o teórico deve assumir uma postura política e, ao reconhecer injustiças sociais, tem o dever de se colocar em oposição. Corretamente, aponta que a pesquisa acadêmica carrega as inclinações do pesquisador, sendo impossível a realização de estudos neutros; aqueles que pretendem ter essa neutralidade, apenas ocultam suas reais inclinações políticas (Becker, 1967).
No outro ponto, Gouldner (1968) vai criticar severamente a postura de Becker. Não que Gouldner acredite em neutralidade política do saber científico. O ponto dele é mais profundo. Essa ideia pretensamente posicionada acabaria escondendo uma forma sutil de conservadorismo. O sociólogo engajado, de fato, apenas desbrava os "perigos" da periferia urbana, mas não busca a real transformação dessa estrutura. Gouldner compara essa postura àquela de um zelador do zoológico: está ali cuidando do bem-estar dos animais, mas não tem interesse em colocá-los em liberdade. Do mesmo modo, esses **pesquisadores do desvio desejariam explicar os fenômenos dos excluídos (*outsiders*), mas sem alterar radicalmente a estrutura que produz a exclusão. Seriam como os guardiães do zoológico do desvio (*zookeepers of deviance*) (Gouldner, 1968).**
Essa ambiguidade é capturada com profundidade e precisão nas explicações de Elena Larrauri. Para um detalhamento teórico adicional desse encontro de matrizes teóricas, **indicamos a leitura de Pijoan (1991).**

ciências sociais[12], mas demonstrar que a ideologia produz efeitos reais, o que é relevante para entender que as construções teóricas de justificação do sistema penal não são apenas ideias sem consequências concretas.

Um dos autores que contribui com esse ponto é Althusser (1980), que trabalha com a dualidade das questões linguísticas sob o tema da *ideologia*, afirmando que o termo tem uma dupla dimensão em sua construção:

- **Forma imaginária, a representação que fazemos da realidade**: nessa primeira forma, a ideologia aparece como representação ou ilusão do real. Para Althusser (1980, p. 79) "a ideologia representa a relação imaginária dos indivíduos com suas condições reais de existência". De forma muito simplificada, trata-se do modo como as pessoas pensam seu próprio mundo, como atribuem significados às "coisas" e suas relações com elas e, em consequência, é a forma ideológica por meio da qual os seres humanos se produzem e reproduzem como sujeitos; como constituem sua maneira de ser no mundo e ser com o mundo (Freire, 1996). Ainda de acordo com Althusser (1980, p. 81), "É esta relação que está no centro de toda a representação ideológica, e, portanto, imaginária do mundo real. É nesta relação que está a causa que

---

2   Para um aprofundamento do tema, recomendamos a leitura de dois textos. A partir de uma perspectiva crítica weberiana, temos o *Burocracia e ideologia*, de Maurício Tragtenberg (1974), e, com um referencial marxista, Michel Löwy (2003) oferece subsídios em *Ideologias e ciência social*.

deve dar conta da deformação imaginária da representação ideológica do mundo real".

- Concepção material, concreta, que gera consequências objetivas, reais: para Althusser (1980, p. 82) "a ideologia tem uma existência real", de modo que as representações vão constituir instituições sociais responsáveis por manter a estrutura de relações, aquilo que o autor chamou de *aparelhos ideológicos do Estado* – podemos reparar que, nesse ponto, a ideologia tem claros efeitos materiais. Com base nisso, os indivíduos tomam para si valores ideológicos e, consequentemente, passam a se comportar (ação concreta) com base neles. Por exemplo, uma vez que a pessoa aceita ideologicamente os elementos do direito estatal, pode passar a se comportar de forma a ter os elementos jurídicos como norteadores do seu agir; acredita que a emissão de atos normativos emanados de representantes eleitos vincula a todos, por se tratar de processo democrático, e que, portanto, as leis não devem ser questionadas.

Essa questão revela como as ações humanas estão embutidas em práticas sociais que são exteriorizadas, institucionalizadas. "Estas práticas são reguladas por *rituais* nos quais estas práticas se inscrevem, no seio da existência material de um aparelho ideológico, mesmo que numa pequena parte deste aparelho ideológico" (Althusser, 1980, p. 85, grifo do original).

Ainda de acordo com Althusser (1980), uma vez que a ideologia tem essa dupla dimensão, é usual que ela seja reproduzida também em movimentos duplos. De um lado, ela é criada pelo sujeito (nós criamos nosso olhar sobre o mundo), mas, de outro lado, é ela quem o cria (o mundo externo e o que os outros pensam sobre nós também são partes de nossa identidade). Desse modo, a atuação da ideologia é constante, mas silenciosa. A pessoa está sempre inserida nas construções simbólicas históricas, porém, imagina-se exterior a elas. "Aqueles que estão dentro da ideologia se pensam, por definição, como fora dela: é um dos efeitos da ideologia a negação prática do caráter ideológico da ideologia, pela ideologia: a ideologia nunca diz: eu sou ideológica" (Althusser, 1980, p. 91)[3].

Nesse contexto, entram os discursos de justificação da pena. Essas construções podem ser encontradas em todos os espaços do sistema de justiça criminal: tanto nas agências oficiais quanto nos apoios externos ao processo de criminalização. Isso significa as ideologias de perpetuação do sistema penal são difundidas pelas polícias, pelo Ministério Público, pelo Poder Judiciário, pelos advogados criminais e até pelas legislações penais. Obviamente, uma parte considerável desses profissionais passou por uma faculdade de Direito, o que significa que os espaços acadêmicos são locais privilegiados de difusão e perpetuação desses discursos justificadores. Por fim, podem também ser encontrados em espaços auxiliares das agências de

---

3 Essa é uma das razões de as pessoas trabalharem com uma noção transcendente de sociedade. Falam frases como "A sociedade quer pena de morte" ou "A sociedade é racista", mas, quando usam a expressão *sociedade* na terceira pessoa, fazem crer que a própria pessoa que enuncia está fora dessa mesma sociedade (Biondi, 2009, p. 36-37).

controle: nas matérias jornalísticas, nas manifestações em redes sociais, nas escolas, nas conversas informais entre as pessoas etc. Para a apresentação do que significam essas funções declaradas, vamos evidenciar os discursos dogmáticos (a construção tradicional nos manuais de direito penal), mas o objetivo é deixar claro como esses discursos são apenas refinamentos acadêmicos do senso comum punitivo. A ciência também carrega uma sensível carga ideológica, e a dogmática penal não é diferente. No caso, quando esses discursos justificam a pena privativa de liberdade (explicando sua importância, o porquê de sua existência e a finalidade que deve cumprir), duas ideias aparecem com mais frequência: **retribuição** e **prevenção**.

Essa dualidade expressa exatamente a tensão que apresentamos no capítulo anterior: a pena precisa cumprir uma finalidade educativa e, simultaneamente, deve representar sofrimento. De acordo com Damásio de Jesus (2010, p. 563), a "pena é a sanção aflitiva imposta pelo Estado, mediante ação penal, ao autor de uma infração (penal), como retribuição de seu ilícito, consistente na diminuição de um bem jurídico, e cujo fim é evitar novos delitos". Podemos notar que a punição é direcionada ao autor do fato, e essa noção é representada no princípio da pessoalidade da pena: "Art. 5º [...] XLV – nenhuma pena passará da pessoa do condenado" (Brasil, 1988).

Assim, "quando a responsabilidade do condenado é penal, somente ele, e mais ninguém, poderá responder pela infração praticada. Qualquer que seja a natureza da penalidade aplicada [...], somente o condenado é que deverá cumpri-la" (Greco, 2009, p. 79).

Essa construção faz sentido somente no contexto em que os indivíduos são pensados perfeitamente isolados uns dos outros; como se uma medida jurídica aplicada sobre a pessoa não tivesse impactos sociais nos círculos de relações mais imediatas. Por exemplo, segundo Dutra (2008), a crítica a essa ideologia está na base das denúncias feitas às violações do princípio da intranscendência da pena, especialmente (in)visível nos procedimentos de revistas íntimas feitas em pessoas que visitam presos na execução penal. O tratamento estigmatizante e vexatório que as instituições praticam com os apenados como mecanismo disciplinar também são estendidos a amigos e a familiares dos presos. Vale considerar, ainda, que há uma disparidade de gênero na criminalização e, consequentemente, nas visitas. Se o sistema penal seleciona preferencialmente homens, suas visitas são majoritariamente femininas (mães e companheiras).

A pessoa criminalizada (**criminalização secundária**) é aquela que individualmente comete um ato injusto (desvio injustificado) e, por isso, a pena recai exclusivamente sobre ele. A construção da dogmática penal para solucionar o problema segue a mesma linha de raciocínio: se a falha está na pessoa, o instrumento sancionatório deve agir sobre ela. Com essa finalidade, atribuem-se diversas funções a serem cumpridas pela pena privativa de liberdade. Em nosso Código Penal, as finalidades declaradas são apresentadas com bastante clareza: "Art. 59. O juiz, atendendo à culpabilidade, aos antecedentes, à conduta social, à personalidade do agente, aos motivos, às circunstâncias e consequências do crime, bem como ao comportamento da vítima, estabelecerá, conforme seja necessário e suficiente para reprovação e prevenção do crime" (Brasil, 1940). Perceba que, no texto da lei (e que serve de importante apoio retórico das agências de controle), constam as duas finalidades da sanção penal: **retribuir** e **prevenir** o crime.

Retribuição

A retribuição apresenta uma finalidade reativa da pena. Diante de um ato que cause uma violação a bens jurídicos, o mal é devolvido de forma proporcional, para que o agente entenda a nocividade de suas ações quando a sente pessoalmente. Por isso, os autores da dogmática penal tendem a replicar essa noção ao afirmar que "a finalidade da pena é punir o autor de uma infração penal. **A pena é retribuição do mal injusto, praticado pelo criminoso, pelo mal justo previsto no ordenamento jurídico**" (Capez, 2010, p. 385, grifo nosso).

A ideia de retribuição encontra um espelho nas práticas econômicas capitalistas. Se "tempo é dinheiro", o prejuízo causado pelo crime pode ser pago com o "confisco" de tempo do condenado, como uma espécie de negócio para indenizar um dano.

> A troca "igual" exclui a vingança de sangue, primeiro pelo talião mais tarde pela composição (reparação em dinheiro) e, finalmente, pela pena proporcional ou equivalente ao crime, *medida pelo tempo*, o critério geral de medida do valor. A origem da

> transição é identificada na *forma mercantil* de mediação das relações sociais: o fato *crime* se configura como modalidade de circulação social e a instituição jurídica da *pena* como "*equivalente geral*" de troca do crime – assim como o dinheiro, equivalente geral da troca de mercadorias –, proporcionável em tempo com a mesma justeza da divisibilidade da moeda. (Santos, 2008, p. 88, grifo do original)

O tempo é justamente a "moeda de troca" comum a todas as pessoas, sobretudo porque a pena moderna foi pensada para grupos desprovidos patrimonialmente. O tempo, nesse sentido, entra como atribuição valorativa da relação criminal. É uma analogia com as trocas comerciais, nas quais a moeda funciona como um intermediário de troca. No caso da pena, o tempo de privação da liberdade cumpre esse mesmo papel.

Prevenção

Além da retribuição, a punição penal é justificada pela sua capacidade de prevenção de novas práticas delituosas. Essa dimensão preventiva encontra bastante celebração dos ideólogos da pena, pois, segundo eles, a pena consegue, simultaneamente, evitar que o condenado e os demais integrantes da sociedade cometam crimes. Essa é a separação entre prevenção especial e geral. Essas duas, por sua vez, ainda podem agir de modo positivo ou negativo. No discurso de justificação da pena, a prevenção é quase o "canivete suíço" das funções da pena.

Prevenção especial

É um efeito que acontece especificamente sobre o condenado. Trata-se da ideia de que uma pessoa que sofre a pena evitaria praticar novos crimes. Esse efeito preventivo incidiria de duas formas:

1. **Prevenção especial negativa:** retira-se a pessoa do convívio social, isolando-a para que, durante o período de privação de liberdade, não venha a cometer outro crime. Trata-se da ideia de que o indivíduo preso estaria neutralizado ou incapacitado, durante a execução penal, de praticar novos delitos.

2. **Prevenção especial positiva:** como as penas não têm duração perpétua, o maior interesse está naquilo que acontece com o condenado depois que ele termina de cumprir a período de punição, como se a pena continuasse a operar efeitos no condenado mesmo depois de finalizada. Trata-se do efeito da aplicação dos mecanismos disciplinares do cárcere (que abordamos no Capítulo 3). Quando é bem-sucedida a disciplina, determinada visão de mundo seria inserida na identidade condenado (o "espírito do capitalismo") e ele teria o dever de buscar sua inserção no mercado de trabalho formal – ainda que com parcas chances (Santos, 2006).

Prevenção geral

É chamada desse modo porque o efeito que tem não influencia apenas o comportamento específico do condenado, mas também o da sociedade em geral. Da mesma forma que a prevenção especial, aqui há uma dimensão negativa e outra positiva.

1. **Prevenção geral negativa:** nesse caso, consistiria na afirmação de que o ser humano, como animal racional, teria a capacidade de ponderar seus atos e suas consequências. Assim, a pena como resultado lógico do crime seria um fator inibidor para que toda e qualquer pessoa sequer cogitasse a prática de um crime. É como se, ao ver outra pessoa sendo punida, os demais fizessem uma análise de risco e acabassem dissuadidos da prática criminosa; como um efeito de intimidação coletiva. Esse efeito de intimidação pode ser potencializado de dois modos: aumentando a severidade daquelas punições aplicadas ou ampliando a quantidade de punições distribuídas. Existe uma tendência em seguir esta última direção: certeza da pena, mais do que severidade. A justificativa ideológica é que, se todos os que cometessem crimes fossem punidos, a ameaça da pena teria um efeito inibidor muito maior. Trata-se da noção que serve de base a Beccaria (2017, p. 93) quando sustenta que "É importante que todo o delito evidente não fique sem punição". Contudo, já vimos que a existência de ampla cifra oculta da criminalidade é inevitável, então, o uso intimidador da pena, quando muito, vai gerar efeito apenas sobre grupos tradicionalmente sobrecriminalizados. Ainda que conseguir evitar crimes de modo amplo pela sociedade seja uma ideia tentadora, há problemas nela que não podem ser ignorados. Por exemplo, se for reconhecido que parte da punição da pessoa selecionada deve conter um "extra" (visibilidade e estigmatização), essa

punição adicional acaba não tendo relação com o crime que efetivamente aconteceu, mas apenas um sofrimento adicional para evitar outros crimes que não aconteceram. Para colocarmos em termos mais simples, é como se um pai ou uma mãe que ainda optam por usar castigos físicos, ao punir o erro de uma criança, desse um "tapa" a mais para intimidar o outro filho. Nesse contexto, a violência extra não tem relação com o comportamento reprovado, mas é direcionada para uma conduta de outra pessoa a fim de evitar algo que sequer aconteceu. Significa que "acusados reais são punidos de forma exemplar para influenciar a conduta de acusados potenciais, ou seja, aumenta-se injustamente o sofrimento de acusados reais para desestimular o comportamento criminoso de acusados potenciais" (Santos, 2006, p. 460). Isso revela que o próprio discurso dogmático cai em contradição, pois declara que a pessoa será punida além de sua "culpabilidade", ou seja, além do juízo de reprovação feito com base nos valores que fundam o pensamento da ciência do direito penal.

2. **Prevenção geral positiva**: pode ser dividida em duas linhas principais de fundamentações teóricas relacionadas a vertentes funcionalistas do direito penal alemão: Roxin (2006) e Jakobs (1991). Para ambas as vertentes, a pena é uma forma de estabelecer confiança no ordenamento como meio de controle social; um modo de garantir a obediência ao direito. Para os autores, quando a norma jurídica é violada sem consequências, a percepção social da validade da regra vai se

tornando cínica, acreditando que a violação da lei não será punida. Assim, a aplicação penal seria necessária para evitar que o sistema penal caia em descrédito e que a validade da norma seja reafirmada.

De acordo com Roxin (2006), existem três objetivos básicos da prevenção geral positiva:

1. **Pedagógico**: o autor também o chama de *aprendizado social*.
2. **Confiança no direito estatal**: para o autor, essa confiança é reforçada quando as pessoas observam que a norma jurídica está sendo efetivamente aplicada.
3. **Pacificação**: "a consciência geral no direito se apazigua em razão da sanção sobre a violação jurídica e reputa solucionado o conflito com o agente" (Roxin, 2006, p. 81, tradução nossa).

De acordo com Motta (2010, p. 109-110),

> Essa função atribuída à punição penal pode ser criticada como uma forma de colocar a pena e o Direito como fins em si mesmos. Assim, ironicamente, a prevenção geral positiva é um convite ao abolicionismo, pois se as condutas tipificadas e as punições cominadas fossem simplesmente revogadas, não haveria necessidade de sancionar para recuperar ou reforçar crenças em um Direito inexistente, solucionando o problema de tentar cumprir a norma jurídica estatal simplesmente em razão de haver o mandamento para sua aplicação.

A melhor maneira de evitar a "impunidade" é simplesmente não criar o crime por meio da criminalização primária; não se pode violar uma norma que não existe. A leitura das funções declaradas pode despertar o incômodo de ouvir um discurso vazio. De forma bastante intuitiva, mesmo que conhecidos os argumentos de justificação da pena, a prática do sistema penal é bastante diferente. Especialmente na dimensão preventiva da pena, é visível a incapacidade de cumprimento dessa tarefa. Como vimos no capítulo anterior, entre produção e punição, o cárcere acaba sendo apenas um "sofrimento estéril" (Hulsman, 1993, p. 91).

Um estudo mais atento da questão aponta que há uma importância simbólica das funções declaradas. O discurso ideológico (ainda que sabidamente falso) mantém a ideia de que o sistema penal deve continuar existindo, que se trata de uma ferramenta socialmente imprescindível. Além disso, a ilusão gerada pelas funções declaradas esconde o real efeito do sistema penal. Nesse contexto,

> é precisamente o funcionamento ideológico do sistema – circulação da ideologia penal dominante entre os operadores do sistema e o senso comum ou opinião pública – que perpetua o ilusionismo, justificando socialmente a importância de sua existência e ocultando suas reais e invertidas funções. Resulta daí uma eficácia simbólica, sustentadora da eficácia instrumental invertida. (Andrade, 2012, p. 136)

Isso significa que esse efeito simbólico tem uma enorme capacidade de perpetuar as práticas punitivas atuais e de conferir legitimidade para o sistema penal. Ainda mais problemático é o fato de deixar fora do campo de visão essa eficácia latente do sistema penal. No tópico seguinte, vamos direcionar nosso olhar para esse ponto.

— 4.1.2 —
Funções latentes (ou reais)

Do outro lado das tarefas prometidas pelo sistema penal, encontramos alguns efeitos latentes, que operam silenciosamente, mas com consequências muito reais. Esses efeitos concretos (ainda que não declarados) constituem a verdadeira forma de atuação do sistema penal, aquilo que ele realmente exerce sobre as relações sociais.

Ainda que a criminologia crítica nos tenha legado uma profunda abertura de estudos dessas funções latentes, aqui apresentaremos o tema de modo introdutório. Assim, a ideia não é esgotar a temática, mas deixar abertas as portas para estudos mais aprofundados acerca dos desdobramentos que surgiram ao longo dos mais de 30 anos de desenvolvimento de pesquisa criminológico sob esse enfoque.

Como sabemos, o sistema penal não é muito eficiente no cumprimento de suas promessas (punir e prevenir crimes).

No entanto,

> Isso não significa que o sistema penal, no lugar de suas funções instrumentais declaradas, não teria quaisquer outros efeitos reais e que demais funções latentes (não declaradas) não seriam cumpridas. Esses efeitos e funções têm consequências negativas sobre a existência de indivíduos e de grupos, bem como contribuem para a reprodução das relações desiguais de propriedade e poder. (Baratta, 1993, p. 251, tradução nossa)

De modo mais amplo, os autores costumam identificar duas principais funções latentes do sistema penal. Para darmos início à apresentação dessa complexa temática, vejamos a excelente síntese de Juarez Cirino dos Santos (2008, p. 82, grifo do original):

> Os objetivos reais do aparelho penal consistem numa dupla reprodução: *reprodução da criminalidade* pelo recorte de formas de criminalidade das classes e grupos sociais inferiorizados (com exclusão da criminalidade das classes e grupos sociais dominantes) e *reprodução das relações sociais*, porque a repressão daquela criminalidade funciona como "tática de submissão ao poder" empregada pelas classes dominantes. Assim, a explicação da justiça penal não reside nos objetivos aparentes, de repressão da criminalidade e controle do crime, mas nos objetivos ocultos do sistema carcerário, de reprodução da criminalidade e reprodução das relações sociais, através do controle diferencial do crime.

Há bastante informação nessa passagem para análise. Comecemos com a noção de que o sistema penal tem uma dupla função latente: reprodução da criminalidade e reprodução das relações sociais. A primeira expressão que merece esclarecimentos é *reprodução*. Essa ideia pode ser entendida como a manutenção ou a perpetuação de algo. Nesse sentido, quando afirmamos, por exemplo, que o sistema penal "reproduz a criminalidade", queremos dizer que ele a está *perpetuando*, fazendo com que a criminalidade continue existindo.

Preste atenção!

No caso da sociologia, é comum o uso da expressão na forma de reprodução social, e, dentro dela, encontram-se tantas outras maneiras de perpetuação das relações sociais (reprodução cultural, reprodução das relações econômicas, reprodução das relações de poder). Cada uma delas pode ser analisada separadamente para a complementação do todo, mas ficaremos aqui com a ideia de que reprodução social é a "reprodução da estrutura das relações de força entre as classes" (Bourdieu; Passeron, 2008, p. 32). Nesse contexto, as formas sociais de punição e as relações que determinam sua distribuição estão no centro da ideia de reprodução social.

A primeira função latente, trazida na passagem que estudamos de Juarez Cirino, pode parecer confusa ou contraintuitiva. Você pode estar se perguntando: Como o cárcere perpetua a criminalidade?. Talvez a intuição inicial seja a de lembrar do efeito do desvio secundário, segundo o qual a pessoa encarcerada pode ser integrada em uma série de relações delitivas novas, exatamente em razão de sua incorporação à estrutura carcerária. Esse fenômeno existe, mas não é nesse sentido que se fala em reprodução da criminalidade.

Importante!

Reprodução da criminalidade *significa a perpetuação dos padrões de seletividade. Como já destacamos, as escolhas feitas pelas agências do sistema penal formam um padrão de preferência: por algumas condutas e por algumas pessoas. Em primeiro lugar, miram alguns tipos bem específicos de conduta (crimes do corpo, do patrimônio privado e, mais recentemente, condutas relacionadas ao pequeno varejo da droga). Mesmo nesse universo limitado de tipos penais (que não correspondem a 1% do total de condutas primariamente criminalizadas), o sistema penal tende a selecionar aquelas pessoas que se apresentam com um grau mais elevado de vulnerabilidade (risco de seleção).*

A seletividade, portanto, forma um padrão. À medida que o sistema penal apresenta publicamente as condutas que entram em seu radar, ele, em sentido amplo (jornalismo, redes sociais, percepções pessoais), reforça o senso comum punitivo; resta a aparência de que aquelas condutas e pessoas são a representação fiel de toda a criminalidade.

Anteriormente, para explicar a seletividade e a cifra oculta, usamos uma analogia com os serviços de *streaming* de séries e filmes. Diante da impossibilidade de assistir a todo o material disponível, precisamos fazer escolhas (seletividade) e, simultaneamente, selecionamos aquilo a que não assistiremos (cifra oculta). Como você deve saber, a utilidade da analogia não para aqui. A maior parte desses sistemas conta com algoritmo de análise das escolhas e as cruza com materiais similares. A partir desse cruzamento, monta uma lista de "recomendações para você". Essa relação entre suas preferências e o algoritmo de recomendações cria um movimento circular. Quanto mais você reforça uma tendência de escolhas (filmes com determinadas temáticas, determinados atores etc.), mais o algoritmo sugere coisas parecidas; e quanto mais ele sugere coisas parecidas, mais você seleciona filmes que reforçam a tendência.

Esse é o mesmo fenômeno que está por trás das polarizações políticas das redes sociais. Quanto mais as pessoas reforçam algoritmos de sugestões de publicações (com curtidas, comentários, cliques e até o tempo que você fica parado lendo o que foi escrito ou a foto publicada), mais você é bombardeado por conteúdos parecidos. E quanto mais os conteúdos se repetem, menores são as chances de quebrar esses padrões (tendências) e, de repente, você nem nota mais que, mesmo com um volume enorme de novas publicações, você está vendo apenas variações sobre o mesmo tema, seja ele comida, viagem, cachorros, gatos, bebês ou uma posição política específica. Essas sugestões também limitam cada vez mais as chances de que você escolha algo diferente. Isso forma um reforço cíclico: quanto mais suas escolhas formam um padrão, mais o algoritmo sugere filmes que se encaixem nessa tendência; com isso, maiores são as chances de você escolher algo dentro da lista de recomendados.

O sistema penal também tem seus "algoritmos de recomendação de seleção". São as notícias jornalísticas, uma demanda de certas comunidades em período eleitoral, um movimento em redes sociais por policiamento ou controle de determinadas áreas da cidade. Isso tudo se integra com a atuação dos órgãos oficiais de controle. Por exemplo, quanto mais vemos pessoas presas por tráfico de droga em algum pequeno varejo na favela, mais a imagem de que criminalidade "grave" significa tráfico de drogas e que esse tráfico pode ser encontrado na favela, mais se reforça a associação entre essas figuras.

Contudo, do outro lado da seletividade está a formação de tendências de imunidade. No mesmo exemplo do tráfico de drogas associado à favela, reforçamos a imunidade do comércio que ocorre nos espaços frequentados pela classe média (por exemplo, os condomínios fechados ou as festas noturnas em espaços economicamente inacessíveis para a população geral). Quer dizer que, ao lado do reforço de um padrão de seletividade, há o reforço de um padrão de imunidade.

Quanto mais esses símbolos criam raízes nas relações sociais, mais criamos mecanismos para reconhecer alguns padrões de conduta (pequeno varejo de drogas na favela) e menos sabemos identificar a contraparte imunizada (como identificar o tráfico de drogas em condomínios de luxo). A atenção é muito mais perspicaz no primeiro caso e absolutamente inútil no último (mesmo que o fato esteja acontecendo sob o "nariz" do sistema penal).

Esse reforço entre padrões de seletividade e de imunidade está na base do sistema penal. A atuação seletiva desse sistema não pode ficar exposta, já que essas escolhas colocariam em questão a ideologia "combate neutro" a toda a forma de criminalidade – e não apenas de alguns grupos. Essa dimensão das escolhas e imunização na atuação penal precisa, portanto, ser escondida. Com o fortalecimento desses padrões na ideologia do senso comum punitivo, amplia-se a ideia do **positivismo criminológico**, que separa a sociedade entre uma maioria normal ("cidadão de bem") e uma minoria criminosa (o bandido).

A percepção de que os crimes selecionados correspondem ao total da criminalidade, bem como de que pessoas tradicionalmente imunizadas são indivíduos que não cometem qualquer crime, passa a ilusão de que não existe seletividade no sistema penal. Isso conforta aquela maioria criminosa (porém, imunizada), que se acredita externa aos padrões da criminalidade selecionada. Assim, o sistema penal, ao reforçar os padrões de seletividade, termina por esconder as escolhas que faz no processo de criminalização – oculta a própria seletividade. Com base nisso, Baratta (2004b, p. 365, tradução nossa) conclui:

> A sanção de certos comportamentos ilegais serve para cobrir um número muito mais amplo de comportamentos ilegais, que ficam imunes ao processo de criminalização. Nesta forma, a aplicação seletiva do direito penal tem como resultados colaterais proteger ideologicamente esta mesma seletividade.

A reprodução da criminalidade, por sua vez, está intimamente articulada com a reprodução das relações sociais. Mais uma vez, essa função pode parecer estranha em uma primeira leitura. A pergunta intuitiva pode vir mais ou menos do seguinte modo: Qual é o problema de o sistema penal perpetuar a sociedade? Não é exatamente essa sua função? O problema de reproduzir as relações sociais está no fato de que, simultaneamente, são perpetuadas todas as demais características dessas relações. Se as relações sociais são machistas, o sistema penal vai perpetuar também o machismo; se as relações sociais são racistas, o sistema penal vai perpetuar o racismo; se as relações sociais são materialmente desiguais, o sistema penal vai perpetuar essa desigualdade.

Isso revela que essa função carrega uma característica nas suas entrelinhas e que pode ser exposta como a reprodução das relações sociais (desiguais). Agora, aquilo que aparentava legitimidade não mais apresenta essa característica. Uma base social que cria a desigualdade e depende dela para continuar existindo acaba sendo profundamente violenta. Não estamos falando da violência individual, da pessoa A que bate na pessoa B, mas sim de uma violência estrutural, que é muito mais silenciosa e profunda, que permeia todas as nossas relações em sociedade (Baratta, 1993). É aquela que legitima as profundas privações dos grupos que estão nas faixas econômicas mais fracas; diz que não importa a situação desesperadora em que você se encontra, você precisa aguentar firme e, se necessário, morrer de fome; haja o que houver, não pode atacar o patrimônio de quem tem muito mais do que o suficiente para manter dez gerações de sua família; muito menos deve insurgir-se contra o sistema social que produz essa forma de subordinação. Se for para morrer por privações materiais, preferencialmente que morra sem atrapalhar o trânsito.[14]

Esta mensagem é ensinada em todas as instituições disciplinares: não importa o que aconteça, jamais viole a vida, a integridade física, a liberdade ou o patrimônio de alguém. E essa mensagem

---

4 Referência à música *Construção*, de Chico Buarque. Nela, o trabalhador, responsável por erguer prédios para os outros (pois jamais lhe aproveitará o produto de seu trabalho), vive como quem ama sua condição subalterna – o trabalhador "perfeito". Porém, mesmo assim, em um acidente de trabalho ou suicídio (dependendo da interpretação), cai do alto do prédio e morre, morte esta inconveniente – ao tráfego, ao público, ao sábado. E as histórias se repetem (variações de um mesmo tema), com as peculiaridades de cada um, mas o fim é o mesmo: a morte "inconveniente", que atrapalha a tranquilidade dos outros, que precisam ver que há pessoas morrendo de tanto trabalhar, que as mercadorias que lhes dão tanta tranquilidade e prazer são produzidas por esse mesmo trabalho. No fim, resta apenas o desejo espiritual: de que o sacrifício seja recompensado após a morte ("Deus lhe pague"), já que não o foi em vida.

> carrega significados muito diferentes dependendo de onde você está socialmente: para o rico, é a proteção de si; para o pobre, significa a proteção do outro. Em algumas faixas, pode conter uma boa dose dessa violência silenciosa. Por isso, o sistema penal precisa dispor de um grau bastante elevado de poder para conseguir manter a estabilidade desse desequilíbrio, a ordem no caos.

Considerando que o sistema penal é um serviço público (como saúde, educação, segurança), é responsável por distribuir "bens negativos" – punição. Essa distribuição, no entanto, segue uma lógica invertida com relação ao acesso a "bens positivos". A seletividade expressa a forma como o controle penal é desigualmente aplicado à sociedade geral; essa desigualdade é um espelho das assimetrias econômicas – relação direta com o tema da vulnerabilidade. Portanto, quanto menos acesso a pessoa tem a bens e direitos fundamentais (lazer, saúde, educação, trabalho digno), maiores são as chances de seleção (Andrade, 2003b).

Desse modo, o processo de criminalização não é uma reação a um comportamento criminoso ou um mecanismo de combate à criminalidade; é, muito mais, uma forma de gestão de populações marginalizadas (Smaus, 1998). Desde sua origem moderna, foi pensada como modo de gestão dos grupos excluídos do mercado de trabalho e, ainda hoje, permanece como instrumento de gestão desse "refugo social". De forma crescente, o cárcere se torna uma instituição ideológica redundante.

Ao contrário do século XVIII, a escola, a família, a comunicação social, todas as instituições sociais responsáveis pelo processo de socialização na atualidade (Berger; Luckmann, 1967) já conseguem fazer o indivíduo internalizar a ideia de que o trabalho formal é o caminho socialmente desejável para a reprodução de sua vida. Nesse ponto ideológico, o cárcere se tornou redundante e está relegado apenas à forma depósito neutralizador dos indesejáveis (Carvalho, 2013).

Importante!

Quando observamos as funções declaradas do sistema penal (punir e prevenir crimes), ficamos com a sensação de que se trata de um modelo punitivo fracassado – e que sempre o foi. Porém, se é um sistema fracassado, por que insistimos tanto em continuar com seu uso? Porque se trata de um sistema muito eficiente no cumprimento de suas funções latentes:

- *perpetua a construção seletiva da criminalidade e sua contraparte imunizada, enquanto esconde a existência dessa mesma seletividade/imunidade;*
- *com isso, permite gerir com violência as parcelas socialmente excluídas, perpetuando também os códigos sociais que produzem essas mesmas exclusões e desigualdades.*

De acordo com Foucault (2003), o foco no fracasso das funções declaradas do sistema penal esconde, na verdade, o sucesso no cumprimento de suas **funções latentes**. Esse é o motivo de, mesmo cientes da incapacidade na realização de suas tarefas prometidas, ainda apostarmos nessa forma de reação social. É um modo cínico de ocultar nossa própria impunidade enquanto, simultaneamente, justificamos o controle seletivo sobre grupos vulneráveis para manter a distribuição desigual de privilégios sociais (pois exclusivos, na prática, a poucos).

Um olhar mais atento sobre o fenômeno mostra que as funções declaradas e latentes não são apenas diferentes, mas opostas entre si. É dizer que o sistema penal realiza o inverso daquilo que promete (punir e prevenir crimes). Ele **não pune**, pois oculta a verdadeira imunização generalizada produzida pela seletividade. Do mesmo modo, **não previne**, pois não dissuade aqueles grupos tradicionalmente imunizados, bem como insere os grupos vulneráveis à seleção em um circuito vicioso (estigmatização e desvio secundário). Assim, nem os imunizados e tampouco os criminalizados estão em um caminho para uma vida menos "criminosa".

Essa oposição entre as funções declaradas e as latentes é explicada por Andrade (2003b) como a categoria de eficácia invertida do sistema penal. De modo resumido, essa categoria pode ser trabalhada da seguinte forma:

> A eficácia invertida significa, pois, que a função latente e real do sistema não é combater a criminalidade, protegendo bens jurídicos universais e gerando segurança pública e jurídica, mas, ao invés, construir seletivamente a criminalidade e, neste processo, reproduzir, material e ideologicamente, as desigualdades e assimetrias sociais (de classe, gênero, raça).

Mas é precisamente o funcionamento ideológico do sistema – a circulação da ideologia penal dominante entre os operadores do sistema e no senso comum ou opinião pública – que perpetua a "ilusão de segurança" por ele fornecida, justificando socialmente a importância de sua existência e ocultando suas reais e invertidas funções. Daí apresentar uma eficácia simbólica sustentadora da eficácia instrumental invertida. (Andrade, 2003b, p. 133)

Por todos os prismas que observamos o modelo de reação social, encontramos essa inversão. Em primeiro lugar, se o sistema penal é constituído a partir de uma ampla programação protetiva de direitos, a atuação real (prática) das agências de controle mais os viola do que os protege. Quanto ao objetivo de redução da criminalidade com a ressocialização do penalmente sancionado, sua ação perpetua o ciclo criminalizante ao reproduzir os símbolos e as relações sociais que o sustentam. A pessoa sai do cárcere com menos chances de inserção no mercado formal de trabalho do que tinha antes, logo, menos ressocializada (Andrade, 2003a).

Quando olhamos para a promessa declarada de coibir a violência individual, seu agir é violência institucional que reproduz a violência estrutural jamais saindo do círculo vicioso. Essa eficácia invertida é sustentada e ocultada por meio de uma atuação simbólica (conforto aparente), a qual serve à função de perpetuação de ilusões que reproduzem a necessidade de manutenção do sistema penal. Como se a utilização de um modelo distinto de reação social significasse jogar a sociedade em um caos e que, por isso, não teríamos uma alternativa senão continuar usando do mesmo projeto fracassado (Andrade, 2003a).

Quando as categorias da criminologia da reação social (processo de criminalização, seletividade, cifra oculta etc.) se encontram com a diferença entre as funções declaradas e latentes do sistema penal, temos um profundo resultado desestruturador. É como o momento em que a criança descobre que as narrativas da infância não existem e que a realidade é muito mais impiedosa. O mesmo acontece com o sistema penal quando encontra a crítica criminológica: "o rei está nu". Essa exposição produz uma profunda crise de legitimidade, que passaremos a sintetizar a seguir.

— 4.2 —
Deslegitimação do sistema penal

Para dar continuidade a nossos estudos, vamos fazer um pequeno apanhado de algumas das principais ideias apresentadas até o momento. Como vimos, a crítica criminológica, ao longo do século XX, atacou diversos elementos das construções positivistas na criminologia, mas os questionamentos acabaram tendo reflexos sobre a dogmática penal e sobre a política criminal. Com tudo o que apresentamos aqui, o foco foi deslocado do indivíduo criminoso (causas individuais da criminalidade) e percebemos que o determinante para diferenciar o "criminoso" do "não criminoso" são os processos sociais de criação e de aplicação das regras penais.

A partir de então, foi questão de tempo até inferirmos que a pena é "distribuída" socialmente de forma desigual. Essa mesma assimetria é um reflexo direto das demais formas estruturais de desigualdade na sociedade. Assim, o próprio direito penal (que faz parte do sistema penal), como forma de reação social, passa a ser objeto da criminologia:

> Se, enquanto objeto da Dogmática, o Direito Penal era definido como normatividade abstrata, protetora de bens jurídicos universais (princípio do interesse social), igualitária e mecanicamente aplicada (princípio da igualdade); na condição de objeto criminológico, é criticamente recolocado e funcionalmente redimensionado no marco e na dinâmica do sistema penal. Na mesma medida em que a explicação da criminalidade passa a ser referenciada e explicada a partir da reação social, vista como constitutiva da sua "construção seletiva", o Direito Penal também passa a ser explicado como instrumento do controle sociopenal.
>
> Neste sentido, o novo paradigma comporta não apenas uma superação da concepção ontológica da criminalidade, mas, simultaneamente, uma superação da concepção normativista e despolitizada do Direito Penal, própria dos paradigmas etiológico e dogmático e da ideologia da defesa social que os conforma. Desde sua redefinição criminológica, é no marco do sistema penal e do processo de criminalização seletiva por ele acionado que o Direito Penal adquire sua significação plena. (Andrade, 2003a, p. 225-226)

Todas as críticas feitas pelas criminologias aos vários pontos do sistema penal geram um resultado desestruturador, colocam em questão a própria legitimidade desse modelo de reação social. De modo didático, Baratta (2002) identifica aquilo que chamou de *ideologia da defesa social* e a divide em vários princípios, que serviriam para sustentar essas ideias legitimadoras:

- **Princípio de legitimidade**: o Estado, como representação institucional do núcleo consensual da sociedade, estaria legitimado, por via de seus agentes, a construir e a perseguir condutas desviantes que atentem contra os valores sociais basilares. Nem esses valores nem a distribuição social da punição são neutros e, nesse sentido, atendem a interesses sociais específicos de alguns grupos.
- **Princípio do bem e do mal**: divisão maniqueísta que separa a "normalidade" social como o bem e o desvio como o mal. Como se o criminoso fosse a representação do mal e a maioria imunizada (que se sente não criminosa) fosse a representação do bem. Já sabemos que o fenômeno delitivo é socialmente ubíquo, portanto, a diferença entre ser ou não criminalizado não está na prática de crimes, mas em ser ou não vulnerável à seletividade.
- **Princípio de culpabilidade**: uma vez que o delito fere valores sociais gerais anteriores à própria definição de crime, a culpa/reprovação da conduta recai sobre o indivíduo que a cometeu, e não sobre a reação social. Tendo em vista que as condutas delitivas são socialmente ubíquas, a sociedade tende a conviver bem com a criminalidade.

- **Princípio da finalidade ou da prevenção**: as funções da sanção penal são prevenir e retribuir, mas, de acordo com a crítica às funções do sistema penal, a pena não apenas é incapaz de cumprir as funções para a qual foi criada, mas também faz o inverso.
- **Princípio de igualdade**: tanto a norma penal quanto a punição devem valer de forma igual para todas as pessoas, no entanto, a aplicação da pena é focada na minoria desviante. A seletividade (e sua contraparte na cifra oculta) demonstra que não existe uma minoria desviante e uma maioria normal. O que existe é uma minoria selecionada e uma maioria imunizada.
- **Princípio do interesse social e do delito natural**: os valores que a lei protege seriam a base das sociedades "civilizadas". O fato de que a sociedade convive com uma criminalidade generalizada (mas imunizada) é a prova de que a prática de crimes não impede a reprodução das relações sociais. Isso quebra a ideia de que a existência do sistema penal é obrigatória ou imprescindível para a sociedade.

Esses princípios que compõem a ideologia da defesa social podem ser encontrados nos pensamentos clássico e positivista do direito penal. Não raro, qualquer tentativa de análise crítica de tais elementos é vista como um verdadeiro atentado aos fundamentos da própria "civilização", porque questiona ideias que tentam justificar e legitimar o exercício de poder. De acordo com Baratta (2002, p. 44), essa característica dogmática possibilita uma "aceitação acrítica, o seu uso é acompanhado de uma irrefletida sensação de militar do lado justo, contra mitos e concepções mistificantes e superados, a favor de uma ciência e de uma práxis penal racional".

As críticas feitas aos princípios que são sustentados pelo discurso dogmático nos fazem perceber as diferenças entre as funções declaradas e as funções latentes do sistema penal. Além disso, os fundamentos e as promessas legitimadoras do sistema penal sofrem questionamentos de impossível solução. Entre eles, podemos indicar a **legalidade** (ao demonstrar a operação estruturalmente contrária às normas legais), a **igualdade** (ao provar que não existe sistema penal sem seletividade) e a **finalidade declarada da pena** (ao expor o sucesso de ser verdadeiro o fim do controle social, na reprodução da estrutura social que necessita desigualdade e exploração diferenciada para a manutenção de privilégios).

Esses elementos estão feridos de morte, mas alguns ainda sustentam uma esperança pela eficácia simbólica desse modelo e continuam apostando na reação social penal. Trata-se, na expressão de Vera Andrade (2003a), de uma verdadeira **ilusão de segurança jurídica** alimentada por um incrível processo: diante da sensação de "insegurança" e das violações da lei penal reportadas, viram-se as pessoas pedindo mais segurança e menos "impunidade" exatamente para o sistema que as promete. Por sua vez, o sistema não tem como prover segurança jurídica, justamente porque a violação desta é um elemento intrínseco de seu funcionamento.

Essa **deslegitimação** recebe uma importância muito elevada na realidade latino-americana, na qual os esforços críticos ficam potencializados pelos próprios fatos verificados no cotidiano. Zaffaroni (1998) sustenta que, na América Latina, a **perda de legitimidade** é ainda mais evidente em razão das mortes relacionadas ao sistema penal de grupos vulnerabilizados – lembrando que os agentes do sistema penal que mais morrem são também aqueles mais vulneráveis (por exemplo, os "praças" da polícia militar). Essa evidência em nossa condição periférica é o que o autor chama de *deslegitimação pelos próprios fatos*. "Trata-se de uma deslegitimação que está além dos marcos teóricos, porque impacta diretamente sobre a consciência ética. Não requer demonstração científica, porque é "percebida": ninguém seria tão tolo a ponto de negar que os mortos estão mortos" (Zaffaroni, 1998, p. 42-43, tradução nossa).

O número de mortes causadas por nossos sistemas penais, ao se aproximar e, às vezes, superar o total de homicídios de "iniciativa privada"; o já mencionado fenômeno de mortes culposas no trânsito e a indiferença do sistema; a mesma indiferença pelos abortos e pelas mortes por deficiências alimentares e assistenciais; os processos de deterioração de pessoas, morbidade e condicionamento para posterior morte violenta, ou a morte violenta direta nas prisões e entre os próprios funcionários de algumas agências executivas, outorgam uma enorme magnitude ao *fato morte* que marca o exercício de poder de nossos sistemas penais. É indubitável que esse fenômeno pode ser ocultado das instâncias conscientes por meio de algumas resistências e negações introjetadas, mas é impossível impedir totalmente sua captação no nível da consciência ética, por mais intuitiva e defeituosa que seja. (Zaffaroni, 1998, p. 43-44, grifo do original, tradução nossa)

Tais constatações permitem a formulação de algumas conclusões com relação a ilusões em torno do sistema penal e seu discurso legitimador: existe apenas a pretensão de monopólio estatal do uso da força, porque a violência jamais foi exercida unicamente pelos órgãos públicos; a legalidade é admitidamente uma ficção; o sistema penal se torna instrumento para uma "guerra suja" política, que consiste em um meio para a finalidade de controle de grupos específicos, seguindo a estrutural lógica seletiva (Zaffaroni, 1998).

Depois de todas essas constatações, provavelmente quem tenha estudado os conceitos e suas consequências terminaria com a seguinte conclusão: o sistema penal como forma de reação social é incapaz de resolver os problemas como prometido, agrava essas situações e ainda cria novos problemas. Isso tudo significa que a promessa de lidar com o problema de condutas violentas ou atitudes que colocam em risco o funcionamento das relações sociais jamais foi o foco real do sistema penal. Se a questão for lidar com a violência das relações sociais, a reação escolhida não o resolve e ainda piora a situação.

Tendo em vista as dificuldades constatadas, o sistema penal perde sua legitimidade e diversos projetos são adotados (de forma desorganizada e na dinâmica dos conflitos sociais) com o objetivo de tentar superar essa dificuldade. As tentativas de responder à deslegitimação do sistema penal seguem em rumos dos mais diversos – desde sua abolição até seu reforço ao máximo. Com a finalidade de ilustrar algumas dessas tendências (e que ajudam a entender a conjuntura atual do sistema penal), faremos a apresentação das principais linhas teóricas e práticas pensadas e implementadas nos últimos 30 anos.

— 4.3 —
Superação do sistema penal

Tendo em vista o que podemos chamar de *deslegitimação do sistema penal*, podemos pensar que a resposta para os problemas que colocamos aqui seja um modelo de reação social distinto da resposta penal, ou seja, não apenas uma reforma do sistema penal, mas uma superação em favor de um modelo radicalmente diferente. Além disso, mais que negar o caráter problemático das diversas condutas definidas como *crime*, seria necessário adotar uma resposta que realmente consiga resolver o problema percebido.

Atualmente, há duas principais correntes de propostas de superação:

1. **Superação com os instrumentos disponíveis**: considera que tudo que é necessário para superar o sistema penal já está

disponível, de modo que essa mudança pode ser alcançada a médio prazo.

2. **Superação por um processo de longo prazo**: considera que a superação do sistema penal é de ordem mais problemática e profunda, que envolveria uma transformação de práticas sociais enraizadas e, portanto, trata-se de algo a ser obtido a longo prazo.

Vale notar que essas duas correntes, embora sejam similares, diferem na possibilidade de superação e transformação do sistema penal: de modo mais imediato ou por meio de um caminho mais longo e profundo, que precisa ocorrer socialmente. A seguir, estudaremos ambas.

— 4.3.1 —
Superação com os instrumentos disponíveis: abolicionismos

Embora as duas linhas que apresentamos terminem no mesmo ponto, que é a própria superação do sistema penal, a expressão *abolicionismo* é normalmente usada para significar aquela que entende pela possibilidade de superação rápida do sistema penal (com os instrumentos já disponíveis). De acordo com Zaffaroni (1998, p. 103, tradução nossa), "Entre os autores abolicionistas não existe uma completa coincidência de métodos, pressupostos filosóficos e táticas para alcançar os objetivos, ao contrário, provêm de distintas vertentes do pensamento". Portanto, há uma pluralidade de pensamentos no que se refere a essa vertente abolicionista e, é claro, seria impossível contemplar todas elas nesta obra. Desse modo, optaremos por explicar mais demoradamente a teoria de Hulsman (1993), cujo ponto de partida é similar aos pressupostos deslegitimadores que já discutimos nesta obra.

Quando escutam a expressão *abolir o sistema penal*, é muito comum que as pessoas entendam (equivocadamente) que se trata apenas de acabar com a pena privativa de liberdade e deixar os problemas sociais sem qualquer atenção. Então, precisamos entender "qual abolição" é abordada por Hulsman (1993).

A necessidade de *abolir* o sistema de justiça criminal em sentido amplo (ou seja, não apenas as agências oficiais, mas também essa forma de reação social reproduzida nas práticas sociais mais amplas – na linguagem, nos discursos, nas reportagens, no imaginário social etc.) "significa romper os laços que, de maneira incontrolada e irresponsável, em detrimento das pessoas diretamente envolvidas, sob uma ideologia de outra era e se apoiando em um falso consenso, unem os órgãos de uma máquina cega cujo objeto é a produção de um sofrimento estéril" (Hulsman; Celis, 1993, p. 91). Dessa forma, "o objeto da abolição [...] não é o Direito Penal (que é a programação normativa e tecnológica do exercício de poder dos juristas), mas o sistema penal em que se institucionaliza o poder punitivo do Estado e sua complexa fenomenologia" (Andrade, 2006, p. 468-469).

A abolição, portanto, é ampla e vai muito além da pena privativa de liberdade moderna: trata-se de **superar o senso comum**

punitivo dominante. Hulsman e Celis (1993, p. 55) explicam que as ideologias que embasam o sistema penal contemporâneo são criadas com base em opiniões de um "homem comum [...], obtuso covarde e vingativo". As pessoas acreditam (como ato de fé – crença sem respaldo em dados) que haveria uma "natureza vingativa" do ser humano e, com isso, reproduzem uma ideia de que o sistema penal seria também um dado natural. Além disso, para os autores, a ideia de que a opinião pública é um bloco homogêneo (sem variações) não se sustenta na prática, porque ignora "a existência de opiniões públicas múltiplas e com várias nuances, pondo em cena verdadeiros homens e mulheres comuns, sem dúvida com seus erros, mas também com suas reflexões inteligentes e sua humanidade" (Hulsman; Celis, 1993, p. 56). Desse modo, os autores afirmam que, com a alimentação desse senso comum idealizado e falso, perpetua-se a ideia de que o sistema penal tem aceitação geral, e isso invisibiliza qualquer discurso crítico à reação social penal – como se as discussões de alternativas constituíssem um tabu.

Outro ponto levantado por Hulsman e Celis (1993) é a necessidade de abolição da pena. Para os pesquisadores, que utilizam o termo *penas perdidas*, o sistema prisional é um desperdício, pois, uma vez que o indivíduo é privado de liberdade, ele sofre também punições físicas, por exemplo, é privado da luz do sol, de alimentação adequada etc. Além disso, com a tensão presente em todo o decorrer de sua pena, o preso passa por um processo de perda da autoestima, bem como por processos que, em vez de o estimularem a construir comportamentos socialmente aceitáveis e bons níveis de comunicação (para que esteja de fato apto a viver em sociedade uma vez liberto), promovem sua despersonalização e sua dessocialização. Desse modo, o aparato prisional não cumpre suas funções e, portanto, é apenas um *sofrimento estéril* (Hulsman; Celis, 1993).

Os autores colocam também em relevância a necessidade de **ressignificar os agentes penais**. Para eles, o sistema penal é "um dos poucos 'ordenamentos sociais' que poderiam desaparecer sem causar maiores problemas, até porque as organizações que o compõem em nada dependem dele" (Hulsman; Celis, 1993, p. 90). Perceba que não se trata de extinguir a polícia, pois sua função não é reduzida à persecução de notícias sobre fatos potencialmente criminosos. Essas instituições têm o potencial de ter um contato próximo com a população, podendo minimizar, sem violência, conflitos em suas raízes. O Ministério Público poderia, com muita facilidade, ampliar sua atuação em torno das tutelas coletivas, algo muito mais relevante socialmente do que a atuação criminalizadora. O Poder Judiciário, por sua vez, também tem atuações que vão muito além do processo penal e podem dedicar esforços para soluções alternativas e mais rápidas de conflitos sociais. O Poder Legislativo também não tem sua tarefa restrita apenas à criação de normas incriminadoras.

Com relação ao cárcere, os autores sustentam que sua "conversão deveria dirigi-la para os serviços de assistência e para um aparelho de crise, reduzido mas sempre necessário" (Hulsman; Celis, 1993, p. 91).

Preste atenção!

A categoria da **cifra oculta da criminalidade** aponta para o fato de que a maior parte do fenômeno da criminalidade não chega sequer a conhecimento das agências oficiais de controle. Isso significa que socialmente nós já lidamos com a "delinquência" por mecanismos externos ao sistema penal; a maior parte da reação social está fora do sistema penal oficial. Então, a proposta de pensar novos mecanismos alternativos não é sequer radicalmente diferente daquilo que se faz cotidianamente com as condutas definidas como crime (Hulsman, 1993).

O método para abolição proposto por Hulsman (1993) segue o caminho de várias **descriminalizações**. A primeira está no nível simbólico: deve-se descriminalizar o próprio imaginário de modo a questionar e a abolir a própria **ideia de crime**, que é tão essencial ao sistema penal. O primeiro passo é mostrar que

> Somos capazes de abolir a justiça criminal em nós mesmos, de usar outra linguagem para que possamos perceber e mobilizar outros recursos para lidar com situações-problema. Quando usamos outra linguagem, ensinamos esta linguagem a outras pessoas. Nós as convidamos, de uma certa maneira, para também abolirem a justiça criminal. (Hulsman, 1997, p. 212)

No entanto, para que essa abolição simbólica aconteça, é necessário adotar **uma nova lógica na solução dos conflitos**, pois, do contrário, corremos o risco de apenas fazer uma substituição "reformada". "Não se trata de reconstruir nos mesmos moldes um edifício que acabamos de derrubar, mas sim de olhar a realidade com outros olhos" (Hulsman; Celis, 1993, p. 97).

A segunda é o que os autores Hulsman e Celis (1993) chamam de *descriminalização legal das condutas penalizadas*. Para os estudiosos, há necessidade de que certas questões sejam retiradas do âmbito penal e de que o conflito seja "devolvido" para as pessoas envolvidas, buscando, para as situações que assim permitirem, a solução efetiva do problema com a participação direta dos interessados. Não significa, portanto, transpor questões para outros aparatos institucionais públicos, mas sim descentralizar e desinstitucionalizar.

Uma estratégia para a implementação dessa **descriminalização** está no desenvolvimento concomitante de experiências alternativas de solução do conflito sem a necessidade de esperar o processo legislativo. Com isso, uma vez que as práticas sociais já tenham tornado desnecessária a intervenção do sistema penal, a descriminalização legal é um passo simples e lógico (Hulsman; Celis, 1993). Nesse sentido, é necessário buscar formas de fomentar o diálogo entre as pessoas (quem comete a ação e quem sofre a ação delituosa), a fim de que essas questões sejam discutidas em seus espaços de vivência.

No contexto das evoluções contemporâneas dessas propostas abolicionistas, podem ser encontradas as discussões em torno da **justiça restaurativa**. Uma das metodologias utilizadas nesse campo é exatamente a mediação entre vítima e ofensor por meio de técnicas de resolução alternativa de conflito, com a participação direta do agente e da vítima – nas situações que assim permitem (Pallamolla, 2009, p. 107).

Note que, na perspectiva abolicionista de Hulsman (1993), os instrumentos para a superação do sistema de justiça criminal já existem, e são necessárias a criatividade e a implementação de medidas de ação social no contexto atual. Por isso, podemos afirmar que esse enfoque tem dupla via de atuação: como "perspectiva teórica e movimento social, eis que o abolicionismo suscitou, desde o início, a relação entre teoria e prática e, rompendo com os muros acadêmicos, aparece, simultaneamente, como teorização e militância social e, portanto, como práxis" (Andrade, 2006, p. 463-464).

— 4.3.2 —
Superação por um longo processo de transformação social

Alguns autores, como Baratta (1993, 2002, 2004a, 2004b) e Zaffaroni (1998), consideram impossível uma superação rápida do sistema penal, justamente porque este está demasiado enraizado na cultura ocidental. Para eles, não é apenas possível, mas necessária a superação do sistema punitivo moderno, e a crise de legitimidade é um processo sem volta. Contudo, é preciso, antes, criar instrumentos para a transformação do modelo produtivo, em uma estratégia dupla: primeiramente, é necessário abrir caminhos para que as mudanças de longo prazo possam acontecer, mas, ao mesmo tempo, devem-se fomentar, no curto e no médio prazos, ações estratégicas para enfraquecer e minimizar os danos já causados pelo sistema atual de justiça criminal.

O modelo de Baratta é um modelo contextual e aberto que se estrutura sobre a razão abolicionista e o minimalismo como tática a médio e curto prazo. Delineado como Política criminal alternativa em seu clássico "Criminologia crítica e Crítica do Direito Penal", continuado em seus "Princípios do direito penal mínimo: para uma teoria dos direitos humanos como objeto e limite da lei penal", culmina com o modelo do "Direito Penal da Constituição" e do "Garantismo positivo", cuja continuidade foi sepultada com sua morte, em maio de 2002, no apogeu de um exuberante protagonismo na história da Criminologia Ocidental.

O modelo de Zaffaroni [...], denominado "Realismo marginal latino-americano" foi enunciado sobretudo em seu também clássico "Em busca das penas perdidas" (em resposta e em homenagem latino-americana ao clássico Penas perdidas, de Louk Hulsman). (Andrade, 2006, p. 476-477)

Vale deixar claro que não existe antagonismo entre a perspectiva abolicionista que estudamos no item anterior e esta. Baratta (2002) utiliza referenciais marxistas para aprofundar suas críticas ao sistema penal, indicando ações estratégicas para o que chama de *política criminal das classes subalternas*.

> Impõe-se, assim, a necessária distinção programática entre política penal e política criminal, entendendo-se a primeira como uma resposta à questão criminal circunscrita ao âmbito do exercício da função punitiva do Estado (lei penal e sua aplicação, execução da pena e das medidas de segurança), e entendendo-se a segunda, em sentido amplo, como política de transformação social e institucional. Uma política criminal alternativa é a que escolhe decididamente esta segunda estratégia, extraindo todas as consequências da consciência, cada vez mais clara, dos limites do instrumento penal. Entre todos os instrumentos de política criminal o direito penal é, em última análise, o mais inadequado. (Baratta, 2002, p. 201)

A **primeira indicação** para o agir estratégico requer ter em mente que as relações sociais seguem tensões conflitivas fundamentais. Essas contradições seriam essenciais ao sistema capitalista e não podem ser superadas dentro dele. Por essa razão, não existe a possibilidade de uma reforma do sistema penal que consiga escapar dessas tensões (Baratta, 2002). Por exemplo, como o sistema penal serve à perpetuação das relações sociais, enquanto estas forem, em sua raiz, produtoras de desigualdade, não há como a pena deixar de perpetuar essas mesmas desigualdades.

A **segunda indicação** se divide em duas estratégias interligadas. Primeiramente, seria possível buscar um uso penal para desestruturar os próprios grupos dominantes, ou seja, demandar a criminalização das ações socialmente nocivas do colarinho branco, corrupção política, grandes violações ambientais etc. O objetivo estratégico seria debilitar os grandes grupos econômicos e, simultaneamente, fazer com que eles mesmos (que demandam a aplicação penal aos grupos materialmente marginalizados) sintam na pele a deslegitimação do sistema penal. Essa estratégia carrega em si um perigo: fazer com que se caia de erro de acreditar na capacidade de a resposta penal cumprir suas promessas. Isso pode resultar em buscas pan-penalistas (o que obviamente não é o objetivo do autor italiano). É o perigo de se cair no fenômeno que vemos hoje da formação de uma esquerda punitiva (Karam, 1996). Com isso em vista, Baratta (2002, p. 202) propõe que as medidas sejam sempre acompanhadas de um contraponto: a contração máxima, também estratégica, deve "aliviar, em todos os sentidos, a pressão negativa do sistema punitivo sobre as classes subalternas". Aqui, o autor converge em grande medida com a visão descriminalizadora de Hulsman, apontando para a necessidade de se retirar do Estado o controle de algumas ações e devolvê-lo aos indivíduos para que tenham controle de seus conflitos.

Quanto à **terceira indicação**, Baratta (2002) aponta para a necessidade de abolição do próprio cárcere. Quando há clareza quanto às funções latentes da pena, não há condições de salvar a instituição penitenciária. Para chegar a esse fim, é possível a atuação por diversas vias, inclusive pela soma de esforços com os movimentos abolicionistas. Para o autor, é preciso "limitar as consequências que a instituição carcerária tem sobre a divisão artificial da classe, de reinserir o condenado na classe e, através do antagonismo de classe, na sociedade" (Baratta, 2002, p. 203). Essa limitação de efeitos negativos poderia ser alcançada por meio da uma "abertura do cárcere" à sociedade, permitindo a articulação institucional com organizações de base (movimentos sociais, entidades comunitárias etc.).

Por último, a **quarta indicação** pretende alcançar a dimensão simbólica do sistema de justiça criminal. De acordo com o autor, a opinião pública é um forte instrumento retórico usado para justificar a permanência e uso do sistema penal (Motta, 2010). Esse senso comum punitivo é o que sustenta estereótipos de crime e de criminalidade – limitados àquelas condutas e pessoas tradicionalmente selecionadas (deixando de fora a maioria criminosa, porém imunizada). Desse modo, a opinião pública aparece como comunicação política de base, responsável pela reprodução das promessas do direito penal dogmático (as funções declaradas da pena), com finalidade essencialmente legitimadora das relações estruturais desiguais. Da mesma forma que esse instrumental teórico é utilizado para sustentar o sistema de justiça criminal, pode e deve ser adotado como estratégia de superação em uma política criminal alternativa, um espaço para "a batalha cultural e ideológica para o desenvolvimento de uma consciência alternativa no campo do desvio e da criminalidade" (Baratta, 2002, p. 204-205).

Por fim, a perspectiva de Baratta, em grande medida convergente com os abolicionistas, pode ser sintetizada na seguinte passagem:

> Deveria estar neste momento situada de forma inversa, que o desenvolvimento do Direito Penal, uma vez que ultrapasse o Direito Penal, sua melhoria não nos levará a um Direito Penal *melhor*, mas a um Direito de restauração e proteção, que seria *melhor* do que o próprio Direito Penal, que seria tanto mais sábio quanto mais humano do que o Direito Penal. (Radbruch, 2003, p. 157, grifos do original, tradução nossa)

Zaffaroni (1998, p. 110-111, tradução nossa), assim como Baratta (2002), reconhece a importância do uso crítico e estratégico do direito penal mínimo, pois, para ele, "é uma proposta que deve ser apoiada por todos os que deslegitimam o sistema penal, não como meta insuperável, mas como um passo ou trânsito em direção ao abolicionismo, por mais distante que pareça ser hoje". A preocupação do autor argentino é interessante, pois acrescenta o ponto de vista de alguém que fala desde a América Latina. Para o autor, a necessidade de resposta à deslegitimação do sistema penal vem acompanhada por uma considerável urgência, pois, neste exato momento, a forma de atuar do sistema penal constitui um genocídio em curso. Tomando a posição geopoliticamente periférica como ponto de partida, Zaffaroni (1998) oferece proposições a partir do que ele denomina *realismo marginal*.

É evidente que em nossa margem não dispomos de "elites do pensamento" pagas para elaborar este tipo de respostas teóricas. Do ponto de vista do nível de elaboração e da completude lógica das respostas centrais, nossas respostas marginais sempre aparecerão como defeituosas. Praticamente, é titânica a tentativa de criar algo semelhante a um marco teórico que nos permita aproximar de nossa realidade; dependemos de marcos teóricos centrais e de seus elementos. Isto nos impõe valermos desses elementos, selecionando-os e combinando-os conforme algum critério que, em nosso caso, permita-nos "ver" os componentes teóricos necessários – ou úteis – para hierarquizar e defender a *vida e a dignidade humanas*.

Sob esta premissa seletiva – que chamamos de "realismo marginal" – é claro que obteremos uma referência teórica *sincrética*, o que não nos preocupa, porque cremos que é justamente inevitável – e desejável – em qualquer tentativa teórica que pretenda ser realista e levar-se a cabo desde a nossa margem. (Zaffaroni, 1998, p. 165–166, grifo do original, tradução nossa)

Essa perspectiva realista marginal precisa trabalhar com uma construção muito mais complexa de mundo. Passa por uma concepção materialista do mundo, pela realidade da dor e do sofrimento objetivos na experiência cotidiana latino-americana, pelo desapego de construções idealistas que opõem obstáculos ao pensamento e, principalmente, pela opção ética material no primado da vida humana (Zaffaroni, 1998).

> Com relação à marginalidade da resposta, trata-se de já citada consciência da peculiar posição geopolítica da América Latina, implicando dependência em diversos planos (econômico, cultural, teórico, etc.) resultado da colonização e neocolonização. Além disso, propõe-se o pensamento marginal por sua relação com as maiorias marginalizadas "do poder, mas objeto da violência do sistema penal". (Motta, 2010, p. 196)

Partindo das noções fundamentais do realismo marginal, o autor ensaia propostas e estratégias para a superação do próprio sistema penal.

> O objetivo mais imediato e urgente dessa atuação é a busca pela redução do número de mortes e, ao mesmo tempo, criação de espaços de liberdade social, capazes de proporcionar o reforço de vínculos comunitários, sendo que esses "objetivos se apresentam intimamente ligados, pois a reconstrução da comunidade depende da queda do nível de violência do sistema penal (neutralizando assim a ação do principal instrumento de dissolução comunitário)". (Motta, 2010, p. 196)

Isso significa não fazer apologia ou glorificar as respostas violentas; não explorar a dor alheia como mecanismo de instigação do ódio revanchista; não cultuar a simbologia da guerra, tipicamente difundidas em filmes e seriados (Zaffaroni, 1998).

Outra estratégia é o uso da mínima intervenção penal. Neste ponto, o autor não busca a transferência do poder punitivo. O importante é pensar uma forma de reação social que não trabalhe com uma lógica da punição. No entanto, é necessário tomar cuidado, pois o afastamento da intervenção penal oficial nesses casos não pode significar que

> unicamente se suprima a intervenção dos órgãos judiciais ou as garantias do Direito e do Processo Penal e, na realidade, siga aplicando um modelo punitivo, com uma pena em sentido ôntico. Este fenômeno, que em nossa margem tem lugar com as contravenções penais, com os menores de idade, com os doentes mentais etc., não é uma intervenção mínima, uma descriminalização nem uma renúncia ao sistema penal, mas um recurso perverso para aumentar o poder repressivo e configurador do sistema penal. (Zaffaroni, 1998, p. 183, grifo do original, tradução nossa)

O ponto de partida é a compreensão de que a deslegitimação do sistema penal é um caminho sem volta, por não ser possível, em qualquer hipótese, a concretização de suas funções prometidas (declaradas, ideológicas). De igual modo, a atuação real do sistema penal é incompatível com os valores humanistas que supostamente pautam a organização social no momento civilizatório em que nos encontramos (Zaffaroni, 1998).

Vale notar que as linhas estratégicas de Baratta e de Zaffaroni apresentam, ambas, o pressuposto de impossibilidade de superação imediata do sistema de justiça criminal e, igualmente, nenhuma das duas aborda uma perspectiva universalista – como se todos os sistemas penais pudessem ser superados a partir de uma fórmula pronta (Motta, 2010). Entendem que esse tipo de transformação demanda uma ação concreta que se desenvolve a prazo longo.

No contexto desse debate, é muito comum ouvir, após a explicação sobre as perspectivas abolicionistas, alguma variação da frase: "Mas acabar com o sistema penal é utópico". Para os autores, essa ideia não poderia estar mais errada. Eles diriam que utópico mesmo é continuar acreditando que o sistema penal seja capaz de cumprir a tarefa prometida (funções declaradas).

— 4.4 —
Relegitimação do sistema penal

Como vimos até aqui, tanto Baratta (2002) quanto Zaffaroni (1998) adotam linhas de ação aparentemente minimalistas, mas esse minimalismo é abordado como facilitador da estratégia, apenas. De outro lado, há posicionamentos que acreditam na possibilidade de o sistema penal realizar a função prometida, mas que, para isso, ele deve ser profundamente reduzido – com o objetivo de limitar a arbitrariedade da seletividade e maximizar as garantias dos cidadãos. Essa diferença está na base da classificação de Andrade (2006), ao separar o garantismo (minimalismo como fim) das proposições barattianas e zaffaronianas (minimalismo como meio).

O ponto central deste tópico é explorar, de modo ilustrativo, a tentativa de responder à deslegitimação pela redução do sistema penal, a fim de que se limite ao menor número de casos e com a aplicação de todas as garantias normativas possíveis.

> As principais produções teóricas que adotam esse plano costumam ser organizadas sob a bandeira do garantismo penal. Este surge como crítica das bases positivistas da ideologia da defesa social e, para tal, utiliza a recuperação e reforço de princípios iluministas presentes na Constituição e nas leis penais. "Não por outro motivo que a raiz iluminista aparece no interior do saber penal, local de reconhecimento e tutela dos direitos frente ao irracionalismo das teses inquisitivas". (Motta, 2010, p. 181)

Essa construção teórica vai lançar mão de algumas das ideias fundamentais do iluminismo dos séculos XVII e XVIII com a tarefa de buscar os critérios de legitimidade do exercício do poder estatal. Semelhantemente ao direito penal clássico, é necessário que haja critérios racionais que limitem o exercício do poder, para que seja utilizado apenas nas hipóteses autorizadas e na forma permitida pela lei. No entanto, o fundamento não vai se apoiar nas ideias metafísicas do direito natural, mas na construção normativa de direitos em um Estado constitucional de direito. Como é de se esperar, a categoria dos direitos fundamentais previstos na Constituição tem um importante papel garantidor em todo esse contexto teórico (Carvalho, 2008).

Ferrajoli (1995, 2002) é o principal representante dessa perspectiva. De acordo com o autor, o garantismo pode assumir três acepções distintas, a saber:

1. **Modelo normativo de direito**: aponta para a necessidade de as agências públicas estarem limitadas à estrita legalidade. Isso significa a existência de um sistema de exercício mínimo de violência estatal e potencialização de liberdades. Aplicadas as ideias ao sistema de justiça criminal, trata-se de um conjunto de barreiras principiológicas direcionadas ao uso da sanção penal. Nesse campo normativo, é possível separar os vários países em diversos "graus" de garantismo por meio da comparação entre ser e dever-ser – tanto em quantidade quanto em qualidade. Significa dizer que é necessária uma quantidade cada vez maior de garantias para conferir mais legitimidade ao sistema; de modo complementar, essas garantias não podem estar limitadas ao "papel" – devem ser executadas na prática. Basicamente, quanto mais as agências se aproximam de fato (ser) no cumprimento do maior volume possível de regras e garantias (dever-ser), mais garantista é o sistema penal. Tem-se um modelo mais garantista quanto maior for a amplitude das garantias constitucionais aplicáveis na proteção do indivíduo diante do exercício de poder do Estado.
2. **Teoria jurídica**: "Em um segundo significado, 'garantismo' designa uma *teoria jurídica* da 'validade' e da 'efetividade' como categorias distintas não só entre si mas, também, pela

'existência' ou 'vigor' das normas" (Ferrajoli, 2002, p. 684, grifo do original). Muito próxima do modelo anterior, aqui também se reforça a separação entre mera disposição normativa e sua efetiva aplicação. Portanto, embora seja importante a previsão legal em abstrato na Constituição e na lei, a eficácia somente pode ser observada em concreto, na prática. Na perspectiva de Ferrajoli (2002), essa significação de garantismo é, simultaneamente, normativa (prescritiva, diz como as coisas "deveriam ser") e realista. Esta última dimensão (realista) verifica a aplicação de fato da lei e que permite um juízo de legitimidade do sistema. Se as normas são violadas pelas agências de controle, temos um sistema cada vez menos legítimo e próximo de uma forma autoritária de Estado. Por outro lado, isso também confere a possibilidade de um juízo positivo de legitimidade; é possível um sistema penal legítimo, desde que observe e cumpra todas as normas de garantias dos cidadãos. Por isso, a perspectiva garantista acredita que é viável a recuperação da legitimidade do sistema penal e busca construir os critérios racionais para que isso ocorra. Assim, "sob ambos os aspectos, o garantismo opera como doutrina jurídica de legitimação e, sobretudo, de perda da legitimação *interna* do direito penal" (Ferrajoli, 2002, p. 684, grifo do original).

3. **Filosofia política**: o objetivo é o controle do direito por critérios externos ao próprio direito. É, essencialmente, uma crítica à circularidade do positivismo jurídico, que pretende

conferir validade à norma por meio da própria norma. Como o direito estatal teria a finalidade de proteção de bens e valores sociais externos ao ordenamento jurídico, as agências de execução da norma são apenas um instrumento para a garantias desses bens. Portanto, o direito não é fechado em suas próprias paredes disciplinares; é responsável por assegurar a efetivação de valores sociais externos a ele (ainda que esses bens sejam recodificados internamente ao sistema jurídico). Nesse sentido, o garantismo funcionaria como mecanismo ético-político para controle e crítica da atuação jurídico-estatal, proporcionando, da mesma forma, instrumentos críticos e relegitimadores do direito "desviante" (Ferrajoli, 2002).

Em todos esses sentidos, o garantismo proporcionaria um chamado para a responsabilidade ética daqueles que atuam diretamente no direito estatal. A importância consiste em chamar a atenção para a crise de um modelo jurídico normativista fechado e construir instrumentos de redução dos problemas causados pelo uso mecânico (automático e desligado da finalidade do direito) dos diplomas normativos. Uma das formas para atingir tais objetivos é tornar a Constituição o principal filtro de interpretação das normas e a base para a atuação dos juristas, capaz de proporcionar juízos de validade sobre normas infraconstitucionais.

Dito de outro modo, o garantismo não significa um retorno a um "Estado bom" que já houve. Nos países avançados da Europa, beneficiários do *welfare state*, isso até seria possível.

No Brasil, ao contrário, onde o Estado Social foi um simulacro, o garantismo pode servir de importante mecanismo na construção das condições de possibilidades para o resgate das promessas da modernidade. (Streck, 2001, p. 22-23, nota de rodapé 7)

Ainda de acordo com Streck (2001, p. 23, grifo do original), podemos sintetizar uma possibilidade de compreensão do garantismo como

> Uma técnica de limitação e disciplina dos poderes públicos e por essa razão pode ser considerado o traço mais característico, estrutural e substancial da Democracia: *garantias tanto liberais como sociais expressam os Direitos Fundamentais do cidadão frente aos poderes do Estado, os interesses dos mais débeis em relação aos mais fortes, tutela das minorias marginalizadas frente às maiorias integradas.*

Ainda que se trate de uma exposição introdutória, é possível perceber a proximidade nas ideias garantistas com os debates iluministas. É, essencialmente, a mesma questão de buscar critérios para limitar e legitimar a relação assimétrica (desigual) entre o Estado (poder soberano) e o cidadão. Em virtude da desigualdade entre os envolvidos, é necessário criar instrumentos de limitação ao abuso e ao autoritarismo. A principal diferença reside na atualização dessa leitura para os avanços da teoria jurídica dos últimos 300 anos.

Importante!

O garantismo aplicado ao direito penal se constitui, assim, em um modelo minimalista (redução ou limitação do sistema penal), mas que não se confunde com o uso estratégico para a superação do controle social penal. A relação de oposição do garantismo penal não é com o sistema penal. Como o pensamento garantista entende a possibilidade de um sistema penal legítimo, o problema está na violação das garantias – o que ocasiona a deslegitimação do sistema.

A dualidade apareceria na forma de um constante conflito entre o direito penal máximo e o direito penal mínimo. O primeiro pune a todo o custo, mas também acaba, no processo, violando as normas de garantias e "paga o preço" por renunciar à sua legitimidade. Esse excesso tem um custo social muito elevado e carrega a relação entre Estado e cidadão para uma lógica cada vez mais próxima do autoritarismo ou da relação de guerra (combate ao inimigo). Por outro lado, o direito penal mínimo sacrifica a punição desenfreada, pois o mais importante está em garantir que todo o exercício de poder seja legítimo, mesmo que para isso tenha a necessidade de absolver o culpado, cuja responsabilidade não está provada de acordo com as normas de garantias.

O direito penal mínimo é aquele que deve ser funcional ao Estado democrático de direito; e o sistema penal máximo é aquele que se aproxima de um Estado totalitário e, consequentemente, ilegítimo (Carvalho, 2008). Ficam contrapostos dois tipos relativos de certeza:

> A certeza perseguida pelo direito penal máximo está em que nenhum culpado fique impune, à custa da incerteza de que também algum inocente possa ser punido. A certeza perseguida pelo direito penal mínimo está, ao contrário, em que nenhum inocente seja punido à custa da incerteza de que também algum culpado possa ficar impune. Os dois tipos de certeza e os custos ligados às incertezas correlativas refletem interesses e opiniões políticas contrapostas: por um lado a máxima tutela da certeza pública acerca das ofensas ocasionadas pelo delito e, por outro lado, a máxima tutela das liberdades individuais acerca das ofensas ocasionadas pelas penas arbitrárias. (Ferrajoli, 2002, p. 84-85)

É possível perceber, com esses detalhes, pelo menos dois elementos que queremos aqui ressaltar. Esse modelo minimalista pautado no garantismo está criticamente contraposto aos modelos que buscam a expansão punitiva, o aumento do sistema penal. Portanto, o garantismo penal não é, em sua essência, contrário às perspectivas de superação do sistema penal – apesar de serem céticos quanto a uma alternativa melhor do que o sistema penal e temem que seja maior o risco de implementação de algo ainda pior (Christie, 2000).

Isso explica o motivo para que Andrade (2006) classifique esse modelo de minimalismo como fim:

O minimalismo é apresentado como fim em si mesmo – um direito penal mínimo para uma sociedade futura. [...] O Direito Penal mínimo de Ferrajoli centra-se nos custos potenciais de uma anarquia punitiva, sustentando que o Direito penal mínimo estaria legitimado pela necessidade de proteger, a um só tempo, as garantias dos "desviantes" e "não desviantes". (Andrade, 2006, p. 478-479).

Essa oposição ao direito penal máximo é consideravelmente atual, porque a forma de política criminal que mais ganha força nas últimas décadas é exatamente esse modelo expansionista. Por isso, ainda que seja uma perspectiva menos radical, está, hoje, na linha de frente para a contenção de danos proporcionados pelo Estado penal. Nosso próximo passo nos leva, então, a explicar a tendência contemporânea de ampliação ilimitada do sistema penal, como política pública de Estado e em torno do qual se forma uma lucrativa indústria do controle do crime.

— 4.4.1 —
Recuperação da legitimidade pela expansão: reinvenção penal do Estado e a "nova" política criminal

O modelo de expansão do sistema penal que culminou no hiperencarceramento, experimentado por diversos países ocidentais, encontrou seu ponto de virada histórico ao longo dos anos 1970. Naquela década, houve o início de um processo de rearticulação entre economia e as agências de Estado (especialmente o sistema penal em sentido estrito), com a formação de uma simbiose na indústria do controle do crime e a política criminal atuarial.

Essencialmente, em meio a crises econômicas nas décadas de 1960 e 1970, diversos países centrais (com destaque aos Estados Unidos) passaram a encampar um desmonte do Estado social. As políticas públicas de prestação positiva (saúde, educação, previdência social) perderam sua relevância econômica na manutenção da capacidade de consumo interno, e, simultaneamente, passou a ser viável (e lucrativa) a transferência dos espaços produtivos para onde o custo do trabalho era muito menor (Carcanholo, 2010).

À medida que as políticas como habitação, saúde, educação, transporte e seguridade foram sucateadas, houve uma expansão concomitante do sistema penal. Com isso, o serviço da segurança pública se transformou no maior programa "social" do Estado voltado aos pobres (Wacquant, 2009). Logicamente, a redução do alcance dos programas sociais de Estado passou a jogar uma parcela cada vez maior da população em uma situação de miserabilidade.

Como já vimos na análise da categoria de seletividade por **vulnerabilidade**, esse crescimento de mazelas sociais não aumentou a **criminalidade real**, mas apenas aquela parcela de condutas praticadas por uma parte da população que, combinadas, chamam a atenção do sistema penal. Por isso, formou-se uma percepção de incremento da delinquência, o que desencadeou a reação de demandas populacionais e dos poderes públicos por uma resposta cada vez mais ampla ao problema social percebido. No vácuo deixado pelo Estado social (nos países centrais) entrou uma forma de Estado penal que ressignificou a própria tarefa das agências públicas como um todo.

> A redefinição das missões do Estado, o qual está, em todo o lugar, retirando-se da arena econômica e asseverando a necessidade de reduzir seu papel social e aumentar, assim como endurecer, sua intervenção penal. Como um pai que por muito tempo foi brando e negligente, o Estado de bem-estar europeu iria, a partir de então, estar moralmente obrigado a se tornar "enxuto e direto", a "reduzir", e então lidar com seu rebanho insubordinado, elevando para o patamar de mais alta prioridade de ação pública a "segurança", limitadamente definida em termos estritamente físicos, e não em termos de riscos de vida (profissionais, sociais, médicos, educacionais etc.).
> (Wacquant, 2009, p. 8, tradução nossa)

Do ponto de vista ideológico, criou-se uma figura quimérica. No espaço econômico geral, retornou-se para uma abertura liberal. Os clamores pela desregulação jogaram nas costas dos indivíduos trabalhadores a responsabilidade por garantir a sua subsistência e ainda defender seus interesses políticos em pé de igualdade com pressões de grandes corporações sobre as agendas públicas. Por outro lado, fecharam o cerco com a violência penal para garantir que a única possibilidade de vida fosse no campo da produção formal (enquanto o trabalho colonizava cada vez mais o tempo e as esferas de vida do trabalhador). Aqueles que ameaçam essa visão distópica de sociedade (pela criminalidade de rua ou por meio de protestos contra essa forma de subordinação) encontraram no sistema penal a resposta mais imediata. É a mesma contradição do *slogan* dos movimentos conservadores dos anos 2010 no Brasil, que se afirmam "liberais na economia, mas conservadores nos costumes". Nesse contexto,

> desenha-se a figura de um novo tipo de formação política, espécie de "Estado-centauro", dotado de uma cabeça liberal que aplica a doutrina do *"laissez-faire, laissez-passer"* em relação às **causas das desigualdades sociais**, e de um corpo autoritário que se revela brutalmente paternalista e punitivo quando se trata de assumir as **consequências dessas desigualdades**. (Wacquant, 2002, p. 15, grifo nosso)

No cenário do sistema penal, formaram-se tendências que compuseram a chamada *nova penalogia* (Dieter, 2012). Um artigo de Feeley e Simon (1992) sintetizou algumas das mudanças. Não se trata de um modelo de política criminal voltado para o controle de condutas desviantes individuais; muito mais do que isso, envolve o emprego de técnicas e tecnologias com o objetivo de controlar **grupos sociais identificados como "perigosos"**. Nas palavras dos autores,

As transformações que chamamos de nova penologia envolvem mudanças em três áreas distintas:

1. A emergência de novos discursos: em particular, a linguagem da probabilidade e risco substitui discursos anteriores de diagnóstico clínico e julgamento retributivo.

2. A formação de novos objetivos para o sistema: os objetivos que temos em vista não são apenas novos para o sistema (alguns deles têm antigos antecedentes), mas são, em alguma medida, novidade "sistêmica". Estamos especialmente interessados no incremento do primado dado ao controle eficiente de processos internos ao sistema, em substituição dos objetivos tradicionais de reabilitação e controle da criminalidade. Objetivos como a redução da "reincidência" sempre foram internamente moldados de forma importante [...], mas, no contexto atual, o sentido de que qualquer referente social externo seria almejado está sendo atenuado.

3. A difusão de novas técnicas: essas técnicas direcionam-se a violadores [da norma penal] como um agregado, em substituição às técnicas tradicionais para individualização ou criação de equidade. (Feeley; Simon, 1992, p. 450, tradução nossa)

Essas tendências (novos **discursos**, novos **objetivos**, novas **técnicas**), aplicadas à política criminal deram origem à resposta atual para a recuperação da legitimidade do sistema penal por meio da expansão, que se convencionou chamar de *política criminal atuarial*. No campo dos **novos objetivos**, temos, possivelmente, a mudança mais assustadora das últimas décadas. A crítica sobre a incapacidade da pena em cumprir sua função declarada de ressocialização (prevenção especial positiva) passou a ser aceita nos espaços oficiais. Em vez de se pensar uma forma de superar esse problema, o resultado foi simplesmente o abandono da promessa.

As políticas oficiais passaram a simplesmente não buscar medidas de prevenção de práticas delitivas após o fim do cumprimento da pena. Por outro lado, também começaram a usar a punição exclusivamente pela sua face repressiva (neutralização de grupos perigosos). O que significa que o objetivo se tornou manter as pessoas presas pelo máximo de tempo possível, sem nenhum tipo de projeto para depois da execução da pena.

Essa mudança foi incorporada inclusive na legislação. A comparação entre as finalidades declaradas nas leis de drogas no Brasil (a anterior, de 1976, que foi revogada pela atual, de 2006) é bastante ilustrativa. Para a Lei n. 6.368, de 21 de outubro de 1976, "Art. 1º É dever de toda pessoa física ou jurídica colaborar na **prevenção e repressão ao tráfico ilícito e uso indevido** de substância entorpecente ou que determine dependência física ou psíquica" (Brasil, 1976, grifo nosso), em contraposição à Lei n. 11.343, de 23 de agosto de 2006, que estabelece

> Art. 1º Esta Lei institui o Sistema Nacional de Políticas Públicas sobre Drogas – Sisnad; prescreve medidas para **prevenção do uso indevido**, atenção e reinserção social de usuários e dependentes de drogas; estabelece normas para **repressão à produção não autorizada e ao tráfico ilícito de drogas** e define crimes. (Brasil, 2006b, grifo nosso)

Note que, na norma de 1976, o tráfico e o uso deveriam ser alvo de **repressão e prevenção**. Após a mudança em 2006, o tráfico de drogas deve receber **apenas a repressão**. Uma vez que se descarta dos discursos oficiais o principal meio declarado que busca que as pessoas saiam do cárcere e nunca mais voltem, temos uma "torneira aberta e uma pia entupida". Significa que a água entra nesse sistema, mas não tem vazão e, consequentemente, o destino é um sistema que está sempre transbordando. Nosso sistema penal está nessa condição: um modelo com entrada (*input*) e sem saída (*output*) (Motta, 2015a).

Percebemos, então, que o objetivo declarado não é mais prevenir a prática de delitos fora do cárcere, mas fazer a gestão de grupos e condutas consideradas perigosas. Para permitir o controle mais direcionado e mais rápido desses grupos, é necessário ter **novas técnicas** para direcionar a seletividade como conveniente ao sistema penal. O primeiro espaço que tem sido transformado nas últimas décadas é o processo penal.

Como o direito penal, em razão das construções iluministas, trabalha com a ideia de **presunção de inocência**, isso significa que o processo e, consequentemente, a atuação judicial são um "gargalo" ao encarceramento. O modo mais rápido encontrado para acelerar a aplicação de uma pena não é acelerando o processo penal, mas tornando-o desnecessário. Mais e mais são criados instrumentos de justiça negociada, na qual o possível acusado aceita uma punição sem processo em troca de algum benefício (por exemplo, uma pena reduzida).

No caso dos Estados Unidos, a ferramenta mais usada é o *plea bargain* (barganha do pleito, em uma tradução livre). Lá, a possibilidade de negociação pelo órgão equivalente ao Ministério Público é ampla, e, essencialmente, todo o tipo de delito pode ser alvo desse acordo. A capacidade de disposição (oferecimento de uma pena e outros benefícios muito abaixo daquilo que seria aplicado no processo) é também muito grande, o que essencialmente coage todos os potenciais acusados a aceitar a punição, mesmo quando inocentes. Isso faz com que a população carcerária dos Estados Unidos suba a patamares superiores a 2 milhões de presos (Glaze; Kaeble, 2014) e que mais de 90% deles estejam lá em razão de um acordo, ou seja, punição sem processo penal (Christie, 2000).

No Brasil, os instrumentos de justiça negociada são muito mais limitados. Por muito tempo, os principais eram restritos ao procedimento dos Juizados Especiais Criminais, portanto, limitados a crimes ou a contravenções com pena máxima cominada (prevista na lei) de até 2 anos. Em razão dessa restrição, o Poder Judiciário criou a prática de usar desenfreadamente as prisões cautelares (durante a investigação ou o processo) como forma de antecipar o momento da punição e, assim, não precisar esperar o final do processo. Isso fez com que os presos cautelares, que correspondiam a menos de 20% da nossa população carcerária em 1990, saltassem para mais de 40% desde 2003 (Motta, 2015b).

Aos poucos, outros instrumentos de justiça negociada estão sendo incorporados à legislação brasileira. Ao longo dos anos 2000 e 2010, vimos a ampliação do uso da colaboração premiada, especialmente pela Lei n. 12.850, de 2 de agosto de 2013 (crime organizado) e, com a criação do acordo de não persecução, pela Lei n. 13.964, de 24 de dezembro de 2019.

Contudo, o processo é apenas uma das barreiras. Ao lado dos instrumentos de justiça negociada, vão sendo formados mecanismos para permitir o controle seletivo desses grupos com o uso de condutas que não são crimes, então, a princípio, não permitiriam o controle penal. É o que se chama de *alargamento da malha punitiva* (*net-widening*): um processo que consiste no uso da ampliação de medidas "alternativas" ao cárcere, mas que mantêm características penais. Por isso, não são realmente alternativas, mas complementares ao controle do sistema penal oficiais (McMahon, 1990).

Isso pode ser ilustrado com dados da prática penal brasileira atual. Diversos dos instrumentos usados como alternativa à prisão (tais como transação penal, acordo de não persecução, monitoramento eletrônico ou regime aberto domiciliar) costumam ter requisitos que limitam a liberdade individual fora da prisão. Por exemplo, o juiz pode fixar como requisito de um regime aberto domiciliar que o condenado não saia da cidade onde mora sem pedir autorização judicial ou que permaneça em casa no período noturno após às 23h e não frequente bares, casas noturnas ou similares.

Note que, se você for passear fora da cidade onde você mora ou for a um bar à noite, praticará uma conduta permitida pela lei (não é crime). Entretanto, a pessoa do exemplo pode regredir de regime e, consequentemente, ser presa imediatamente apenas por violar essas condições. Isso quer dizer que a pessoa que tenha caído nas malhas do controle penal pode ser processada (o que no horizonte pode significar prisão) ou imediatamente presa por praticar uma conduta que, em qualquer outro contexto (externo ao sistema penal), seria perfeitamente lícita.

Com isso, criam-se formas ampliadas de controle que recodificam condutas para permitir novo encarceramento de pessoas-alvo do controle penal (Cohen, 1985). Nos Estados Unidos, muitos benefícios envolvendo liberdade condicional estão diretamente ligados a comprovar um estilo de vida abstinente (do uso de drogas), e condenados submetidos a tais medidas são forçados a fazer exames de urina para detectar o uso de substâncias proibidas. Caso sua presença seja detectada, o benefício é revogado e a pessoa retorna ao cárcere.

Para uma pessoa que não esteja submetida ao controle penal, o crime para o usuário de drogas somente é consumado quando é encontrado portando a substância para consumo pessoal (como na legislação brasileira). Não há crime se a pessoa é encontrada sob o efeito de drogas ou um exame detecta a presença no sangue ou na urina de substância proibida – dias ou meses após o consumo. Portanto, os grupos tradicionalmente imunizados não serão submetidos a esse tipo de verificação ou punição potencial, ao contrário da clientela tradicional do sistema penal (Christie, 2000; Feeley; Simon, 1992). Esse é o fenômeno que Wacquant (2009) denominou *panopticismo social*. Nele, políticas sociais destinadas a grupos mais pobres (pense no exemplo brasileiro do Bolsa Família) podem misturar-se com o controle penal. Nessas condições, as pessoas nessa posição vulnerável são fiscalizadas não apenas pelo sistema penal, mas também por outros programas sociais que podem vir a colocá-las no radar para eventual criminalização.

Sintetizadas as principais dimensões da política criminal atuarial, podemos seguir para a tentativa de um conceito capaz de envolver os principais elementos expostos na presente seção. Utilizaremos, para tal, a definição feita por Dieter (2012, p. 8, grifo do original):

> entende-se por *Política Criminal Atuarial* o uso preferencial da *lógica atuarial* na fundamentação teórica e prática dos processos de *criminalização secundária* para fins de controle de grupos sociais considerados de *alto risco* ou *perigosos* mediante *incapacitação seletiva* de seus membros. O objetivo do novo modelo é *gerenciar* grupos, não punir indivíduos: sua finalidade não é *combater o crime* – embora saiba se valer dos rótulos *populistas*, quando necessário – mas *identificar, classificar* e *administrar* segmentos sociais indesejáveis na ordem social da maneira mais fluída possível.

No caso brasileiro, há algumas peculiaridades que não permitem a simples incorporação da experiência dos Estados Unidos como ferramenta pura de leitura de nossas práticas punitivas. Em primeiro lugar, nunca tivemos um Estado de bem-estar social, ou seja, as políticas públicas de prestação positiva (saúde, educação, previdência etc.) sempre foram realizadas como simulacro – imperfeitas e incompletas. Mesmo assim, esse pouco que temos vem sendo gradativamente sucateado ou transformado em mercadoria para a exploração da iniciativa privada.

Assim, o cárcere brasileiro sempre foi um espaço de incapacitação seletiva de grupos identificados como perigosos. O projeto ressocializador (prevenção especial positiva) é escancarado como uma cínica promessa de ideólogos e, mesmo quem aposta na capacidade do sistema penal, volta-se, em maior medida, para sua dimensão neutralizadora (prevenção especial **negativa**). Portanto, nossas prisões sempre foram depósito para grupos sociais indesejados e que jamais seriam incorporados aos espaços produtivos formais.

As transformações que culminaram no grande encarceramento vivenciado desde os anos 1990 estão, sem dúvida, articuladas com o fenômeno da política criminal atuarial. A expansão do controle penal por meio da diminuição de direitos e garantias, do aumento do uso da justiça negociada e da ampliação da malha punitiva apenas agrava a realidade que sempre assolou os grupos tradicionalmente criminalizados. No fim, **os destinatários das medidas punitivas são os mesmos de sempre**.

Ainda que mude a linguagem do controle do crime, sua estética ou a justificativa – a política de drogas é uma peça recente e essencial nesse quebra-cabeças (Motta, 2015a) –, a forma e as funções subjacentes do controle penal permanecem inalteradas. São rearticulações de forças para chegar no mesmo resultado: perpetuar a estrutura social desigual. Talvez, o principal efeito do aumento do sistema penal brasileiro, com o objetivo de buscar a legitimidade perdida, tenha sido tornar ainda mais evidente sua face genocida. Por isso, uma coisa é certa: do ponto de vista da população exposta ao sistema penal, aos agentes que matam e morrem mais do que em cenário de guerra declarada, a última coisa que nascerá da expansão dessas práticas é a **segurança**.

Considerações finais

A criminologia é, sem dúvida, uma ciência encantadora. O primeiro canto da sereia é, provavelmente, explicado mais pela psicanálise. As histórias viscerais que normalmente associamos ao senso comum sobre o crime envolvem condutas brutalmente violentas, praticadas por sujeitos estereotipados. Nesses exemplos extremos, forma-se um misto de repulsa, que esconde o inconsciente que admira.

Scapini (1997), sobre sua experiência na Vara de Execuções Criminais de Porto Alegre, narra como percebe um curioso padrão em delitos sexuais. Ao passo que nos demais crimes o interrogatório era curto, direto e sem grandes detalhamentos, nos delitos sexuais os magistrados e promotores aprofundavam-se nos detalhes. Cada minúcia do ato deveria ser descrita, explorando-se não apenas a conduta a ser julgada:

> Ao longo dos anos venho tentando analisar e compreender a conduta de Juízes na condução de determinados tipos de processos. Interessante notar como depoimentos, nos processos que tratam de estupro, por exemplo, são minuciosos, contrariando, às vezes, a forma comum de proceder. Isto significa que o questionamento, nesses casos específicos, é minucioso, chegando a detalhes irrelevantes e impertinentes, como se o processo despertasse maior atenção, maior curiosidade, enfim, aguçasse algum sentido. Por isso e por outros tipos de reação frente a tais casos pensei na possibilidade de o Juiz, ser humano, restar envolvido pela história do processo. Em outras palavras: creio que o fato do crime de estupro, atendo-me ao exemplo, pode mexer com a sexualidade do próprio julgador, fazendo com que, inconscientemente, ele se projete na pessoa do réu, ou da vítima, com mórbido prazer ou com intenso sofrimento. (Scapini, 1997, p. 29-30)

O juiz Amilton Bueno de Carvalho fez questionamentos similares. Compartilha com os leitores um caso brutal envolvendo o estupro de duas adolescentes e cuja instrução processual presidiu. A situação envolvia não apenas a prática reiterada pelo acusado, ao longo de horas, de violência sexual contra as duas jovens, mas também o fato de que o acusado era soropositivo e haveria chances elevadas de ter contaminado as vítimas com

HIV-Aids. Relata Amilton Carvalho como esse crime lhe despertou um sentimento tão profundo de revolta que não se sentiu à vontade para proferir a sentença sem deixar as emoções tomarem o peso da caneta. Isso demonstra não apenas humanidade, mas um profundo conhecimento de si. Corretamente, indica que ele (ser humano) pode "ser vingativo, irracional, mas o Estado [Juiz] não!" (Carvalho; Carvalho, 2004, p. 105-106).

Esses atos extremos, quando despertam a curiosidade pelos detalhes, são, possivelmente, manifestação de algo violento e reprimido dentro de nós que preferimos ignorar como não existente. Semelhante àquela redução de velocidade quando se passa ao lado de um acidente envolvendo veículos automotores, que a pessoa olha com calma para ver se encontra (no meio daquela dor e sofrimento de pessoas reais) algum corpo desfigurado para a satisfação de uma mórbida curiosidade.

Esse que ignora a capacidade que tem de praticar a violência, preso na ilusão de ser alguém "de bem" e incapaz de praticar o "mal", é aquele que não perde uma chance de sublimar seus impulsos violentos sobre a pessoa desumanizada com a etiqueta do criminoso. Não pode ver uma notícia jornalística, um caso narrado em rede social, que aproveita o momento "socialmente adequado" para despejar sobre o criminoso todo o seu ódio e ainda se sente moralmente superior, pois a violência do outro tornaria a sua não apenas justificável, mas exigível. Cumpre apenas com sua tarefa "cívica". No entanto, não repara que essa situação é uma profunda armadilha; **o preço da desumanização do outro é nossa própria humanidade.**

Esse é o ciclo difícil de enxergar quando se está dentro dele, mas parece evidente quando se o observa de fora. Como alguém é capaz de participar de uma prática genocida, no estilo do extermínio colonial, o holocausto durante a Segunda Guerra ou Ruanda em 1994? De acordo com Bauman (2000), a "receita" é mais simples do que parece: primeiro, a violência precisa ser autorizada (por um comando oficial ou social); depois, a violência é rotinizada (criam-se rituais que, repetidos, dessensibilizam os agentes quanto à natureza violenta das condutas); o último ingrediente é a desumanização do objeto da violência (por meio de doutrinas ideológicas).

A estigmatização, a exclusão, o exercício da violência física e até a possibilidade de morte por agentes oficiais ou não (afinal a expressão *grupo de extermínio* faz parte do vocabulário nacional), tudo isso ocorre diante de nossos olhos. Temos todos os elementos da "receita": a violência penal (oficial e subterrânea) é socialmente autorizada; as notícias diárias funcionam como evidência anedótica para legitimar a universalização violência penal; por último, basta o rótulo (*bandido, traficante, criminoso*) e a morte está imediatamente autorizada. O rótulo de criminoso é primeiro social e, apenas depois, é trazido para dentro dos códigos técnicos do direito penal. Não é necessária a intervenção formal e oficial do direito penal para que os efeitos comecem a ocorrer.

Por isso, o sistema penal consegue colocar em marcha práticas genocidas (Zaffaroni, 1998), e os participantes não se sentem responsáveis por seus efeitos. E como os alemães após a Segunda Guerra "não sabiam" do destino dos judeus, dos negros, dos homossexuais deportados (aos campos de concentração), o "cidadão de bem" não se sente responsável pela violência que legitima. Há uma enorme importância na validação pelos pares; os discursos de resposta violenta não seriam difundidos se não fossem empoderados e ecoados por tantas pessoas. Nessa dimensão do senso comum punitivo, é impossível diferenciar onde começam e terminam discursos e práticas das agências oficiais, porque essas percepções são "onipresentes". Quando apoiamos as práticas penais que culminam no extermínio, podemos não ter puxado o gatilho, mas carregamos, como sociedade, o custo do incremento da violência – que depois volta-se contra nós. Sem perceber, quando se aplaude a violação dos direitos dos outros, é só uma questão de tempo até que você descubra que também não sobrou nenhum dos seus.

Não se trata de cair no bordão "Está com pena, leva para casa". O convite à humanização do outro é, simultaneamente, um chamado à recuperação de nossa própria humanidade. Porque não faz sentido reprovar o ato (possível) do outro para, imediatamente, praticar o mesmo. Como pode alguém se julgar moralmente superior, quando pratica exatamente o ato que julga ser tão atroz? Essa pessoa não é "melhor" do que o "monstro" que imagina do outro lado; ela é exatamente igual a ele. Como no reflexo de um espelho, o desprezo projetado ao outro nada mais é do que um reflexo de sua própria condição asquerosa.

Para piorar a situação, seu acesso ao ato do outro é sempre por meio de uma narrativa – uma notícia, um conto de um conhecido, uma mensagem na rede social, um processo judicial. É sempre incompleta, parcial, imperfeita e, por isso, passível de dúvida. Sua ação, no entanto, lhe é conhecida; você sabe das dimensões internas de seu agir que são estranhas aos demais e que somente podem especular sobre seus motivos, mas você os conhece. Então, de seu ponto de vista, sua reação violenta é uma certeza. E aí jaz um perigo ainda mais profundo, porque a troca é desigual: enquanto você entrega sua humanidade com toda a certeza, o outro é torpe apenas como possibilidade. No final dessa relação, o único garantidamente inferior é você.

As vertentes críticas da criminologia funcionam, então, como uma clareira para iluminar as práticas da reação social, que são, em última medida, nossas – porque nós fazemos parte também do sistema penal, nem que seja como apoiadores (legitimadores) das práticas punitivas. Em primeiro lugar, como ciência, a criminologia crítica ajuda a entender como ocorrem os processos de controle social; aquilo que realmente se faz com a punição e seus efeitos (ideológicos e reais).

À medida que as dimensões do sistema penal são compreendidas, as ilusões do senso comum punitivo são levantadas e se percebe que a diferença fundamental entre o "bandido" e o "cidadão de bem" está no fato de que o primeiro foi selecionado e o último foi imunizado pelo sistema penal. Por isso, batalhar pela punição de todos os "criminosos" é a mesma coisa que batalhar pela punição de todos – portanto, um projeto suicida.

Como sempre dito pela perspectiva criminológica crítica, a questão é perceber os problemas escondidos por baixo da reação penal. Esses problemas reais envolvem histórias e pessoas concretas, cada uma com sua peculiaridade e insistir em uma resposta universal é um projeto fracassado. Seu efeito é ocultar e perpetuar a violência estrutural – o que apenas repete o ciclo de desumanização do outro e, por via reflexa, de nós mesmos.

Pisar no freio da expansão do Estado penitência é um chamado à recuperação da humanidade perdida; jogada fora junto com as penas perdidas (Hulsman; Celis, 1993). A resposta à pergunta "O que fazer?" vem exatamente aí. A denúncia da prática de dominação (Dussel, 1980) embutida no sistema penal (como perpetuação das violências estruturais) é exatamente o chamado a esse projeto. É a constatação de que **é impossível a existência de paz em um sistema social que só fala violência**. Reduzir o sistema penal invoca também a necessidade de desconstruir a própria estrutura que produz essa violência. Portanto, a redução do sistema penal demanda também outra sociedade. Esses dois projetos são inevitáveis, caso se queira a recuperação da humanidade perdida.

Então, a crítica ao sistema penal tem, sim, um projeto alternativo. É como bem explica Vera Andrade (2012, p. 101):

> O criticismo é historicamente acusado de não oferecer alternativas ao sistema penal, viáveis em curto e médio prazos, o que evidencia a posição de leitores que nunca chegam às últimas páginas de suas leituras, ou, se chegam, não

as compreendem, precisamente porque as decodificam com as lupas de sua própria cegueira. Portadores de epistemologias mecanicistas, matrizes da dicotomia problema-solução e incapazes de apreender o caráter processual da realidade e do conhecimento, eles não veem "a solução" senão no marco dos seus códigos maniqueístas e dicotômicos, rotinizados no duplo "dogma da pena" e "dogma da criminalização provedora". Eles perguntam por perguntar, porque têm sempre a (mesma) resposta (mais pena) na mão.

Propositalmente, deixamos essas reflexões para nossas considerações finais. É onde está a possibilidade maior de, após contato amplo com a crítica, perceber os limites e as impossibilidades de cumprimento da promessa redentora do sistema penal. Se as respostas simples pudessem resolver os problemas como imaginam seus proponentes, a questão já estaria resolvida – especialmente porque já estamos há séculos apostando em mais do mesmo.

Mais e mais, aumenta a premência da transformação social profunda (o que envolve também as relações geopolíticas de dominação centro-periferia). A modernidade, como projeto de emancipação humana, falhou, e o vazio cínico que se formou desde então não é uma alternativa, mas uma continuidade na inércia. A punição moderna segue nos mesmos moldes: se a promessa ressocializadora falhou, usa-se a pena somente como depósito do refugo social indesejado. Considerando a crescente obsolescência do trabalho de uma parcela cada vez maior da humanidade, essa inércia é também uma contagem regressiva para um extermínio de proporções sem precedentes (e olha que a modernidade tem um enorme histórico de genocídios). O potencial dessa catástrofe torna eticamente urgente buscar uma forma de sociedade que nos devolva a humanidade perdida, enquanto ainda há humanidade para ser recuperada.

Referências

ADORNO, S. **Os aprendizes do poder**: o bacharelismo liberal na política brasileira. Rio de Janeiro: Paz e Terra, 1988.

ALBRECHT, P. **Kriminologie**: Eine Grundlegung Zum Strafrecht. 3. ed. München: Beck, 2005. Juristische Kurz-Lehrbücher.

ALTHUSSER, L. **Posições 2**. Rio de Janeiro: Edições Graal, 1980.

ANDRADE, V. R. P. de. **A ilusão de segurança jurídica**. 2. ed. Porto Alegre: Livraria do Advogado Editora, 2003a.

ANDRADE, V. R. P. de. A soberania patriarcal: o sistema de justiça criminal no tratamento da violência sexual contra a mulher. **Direito Público**, v. 1, n. 17, p. 52-75, jan./mar. 2007.

ANDRADE, V. R. P. de. Minimalismos e abolicionismos: a crise do sistema penal entre a deslegitimação e a expansão. **Revista da ESMESC**, v. 13, n. 19, p. 459-488, jan. 2006.

ANDRADE, V. R. P. de. **Pelas mãos da criminologia**: o controle penal para além da (des)ilusão. Rio de Janeiro: Revan; Instituto Carioca de Criminologia, 2012. v. 19. (Coleção Pensamento Criminológico).

ANDRADE, V. R. P. de. **Sistema penal máximo × cidadania mínima**: códigos da violência na era da globalização. Porto Alegre: Livraria do Advogado, 2003b.

ANITUA, G. I. **Historias de los pensamientos criminológicos**. Buenos Aires: Del Puerto, 2005.

ARRIGHI, G. **The Long Twentieth Century**: Money, Power, and the Origins of our Times. London; New York: Verso, 2010.

BARATTA, A. **Criminologia crítica e crítica do direito penal**: introdução à sociologia do direito penal. Tradução de Juarez Cirino dos Santos. 3. ed. Rio de Janeiro: Revan; Instituto Carioca de Criminologia, 2002.

BARATTA, A. **Criminología crítica y crítica del derecho penal**: introducción a la sociología jurídico-penal. Buenos Aires: Siglo Veintiuno, 2004a.

BARATTA, A. Die Menschenrechte zwischen struktureller Gewalt und Strafgewalt. **Kriminologisches Journal**, v. 25, n. 4, p. 243-259, 1993.

BARATTA, A. Observaciones sobre las funciones de la cárcel en la producción de las relaciones sociales de desigualdad. In.: ELBERT, C. A.; BELLOQUI, L. (Org.). **Criminología y sistema penal**: compilación in memoriam. Buenos Aires: Euros Editores, 2004b. p. 357-375.

BARRETO, T. **Obras completas**: menores e loucos. Sergipe: Edição do Estado de Sergipe, 1926. v. 5.

BATISTA, N. **Punidos e mal pagos**: violência, justiça, segurança pública e direitos humanos no Brasil de hoje. Rio de Janeiro: Revan, 1990.

BATISTA, V. M. **Introdução crítica à criminologia brasileira**. 2. ed. Rio de Janeiro: Revan, 2011.

BAUMAN, Z. **Modernity and the Holocaust**. Ithaca: Cornell University Press, 2000.

BECCARIA, C. **Dos delitos e das penas**. Tradução de José de Faria Costa. 5. ed. Lisboa: Fundação Calouste Gulbenkian, 2017.

BECKER, H. S. **Outsiders**: Studies in the Sociology of Deviance. Nova Iorque: Free Press, 1991.

BECKER, H. S. Whose Side are We On?. **Social Problems**, v. 14, n. 3, p. 239-247, jan. 1967.

BERGALLI, R.; RAMÍREZ, J. B.; MIRALLES, T. **El pensamiento criminológico**. Bogotá: Temis, 1983. v. 1.

BERGER, P. L.; LUCKMANN, T. **The Social Construction of Reality**: a Treatise in the Sociology of Knowledge. New York: Anchor Books, 1967.

BEVILAQUA, C. **Criminologia e direito**. Salvador: Livraria Magalhães, 1896.

BIONDI, K. **Junto e misturado**: imanência e transcendência no PCC. 2009. Dissertação (Mestrado em Antropologia Social) – Universidade Federal de São Carlos, São Carlos, 2009. Disponível em: <https://repositorio.ufscar.br/bitstream/handle/ufscar/188/2437.pdf?sequence=1&isAllowed=y>. Acesso em: 11 jun. 2021.

BITENCOURT, C. R. **Tratado de direito penal**: parte geral. 23. ed. São Paulo: Saraiva, 2017. v. 1.

BONAVIDES, P. **Curso de direito constitucional**. 19. ed. São Paulo: Malheiros Editores, 2006.

BOURDIEU, P.; PASSERON, J. **A reprodução**: elementos para uma teoria do sistema de ensino. Tradução de Reynaldo Bairão. Petrópolis: Vozes, 2008.

BRASIL. Constituição (1988). **Diário Oficial da União**, Brasília, DF, 5 out. 1988. Disponível em: <http://www.planalto.gov.br/ccivil_03/constituicao/constituicao.htm>. Acesso em: 11 jun. 2021.

BRASIL. Decreto-Lei n. 2.848, de 7 de dezembro de 1940. **Diário Oficial da União**, Brasília, DF, 31 dez. 1940. Disponível em: <http://www.planalto.gov.br/ccivil_03/decreto-lei/del2848compilado.htm>. Acesso em: 11 jun. 2021.

BRASIL. Decreto-Lei n. 3.688, de 3 de outubro de 1941. **Diário Oficial da União**, Brasília, DF, 13 out. 1941. Disponível em: <https://www2.camara.leg.br/legin/fed/declei/1940-1949/decreto-lei-3688-3-outubro-1941-413573-publicacaooriginal-1-pe.html>. Acesso em: 11 jun. 2021.

BRASIL. Lei n. 581, de 4 de setembro de 1850. **Coleção de Leis do Império do Brasil**, 31 dez. 1850. Disponível em: <http://www.planalto.gov.br/ccivil_03/leis/lim/lim581.htm>. Acesso em: 11 jun. 2021.

BRASIL. Lei n. 3.353, de 13 de maio de 1888. **Coleção de Leis do Império do Brasil**, 13 maio 1888. Disponível em: <http://www.planalto.gov.br/ccivil_03/leis/lim/LIM3353.htm>. Acesso em: 11 jun. 2021.

BRASIL. Lei n. 6.368, de 21 de outubro de 1976. **Diário Oficial da União**, Brasília, DF, 22 out. 1976. Disponível em: <http://www.planalto.gov.br/ccivil_03/leis/l6368.htm>. Acesso em: 11 jun. 2021.

BRASIL. Lei n. 7.210, de 11 de julho de 1984. **Diário Oficial da União**, Brasília, DF, 13 jul. 1984. Disponível em: <http://www.planalto.gov.br/ccivil_03/leis/l7210.htm>. Acesso em: 11 jun. 2021.

BRASIL, Lei n. 9.503, de 23 de setembro de 1997. **Diário Oficial da União**, Brasília, DF, 24 set. 1997. Disponível em: <http://www.planalto.gov.br/ccivil_03/leis/l9503compilado.htm>. Acesso em: 11 jun. 2021.

BRASIL. Lei n. 9.605, de 12 de fevereiro de 1998. **Diário Oficial da União**, Brasília, DF, 13 fev. 1998. Disponível em: <http://www.planalto.gov.br/ccivil_03/leis/l9605.htm>. Acesso em: 11 jun. 2021.

BRASIL. Lei n. 11.340, de 7 de agosto de 2006. **Diário Oficial da União**, Brasília, DF, 8 ago. 2006a. Disponível em: <http://www.planalto.gov.br/ccivil_03/_ato2004-2006/2006/lei/l11340.htm>. Acesso em: 11 jun. 2021.

BRASIL. Lei n. 11.343, de 23 de agosto de 2006. **Diário Oficial da União**, Brasília, DF, 24 ago. 2006b. Disponível em: <http://www.planalto.gov.br/ccivil_03/_ato2004-2006/2006/lei/l11343.htm>. Acesso em: 11 jun. 2021.

BRASIL. Lei n. 12.737, de 30 de novembro de 2012. **Diário Oficial da União**, Brasília, DF, 3 dez. 2012. Disponível em: <http://www.planalto.gov.br/ccivil_03/_ato2011-2014/2012/lei/l12737.htm>. Acesso em: 11 jun. 2021.

BRASIL. Lei n. 12.850, de 2 de agosto de 2013. **Diário Oficial da União**, Brasília, DF, 5 ago. 2013. Disponível em: <http://www.planalto.gov.br/ccivil_03/_ato2011-2014/2013/lei/l12850.htm>. Acesso em: 11 jun. 2021.

BRASIL. Lei n. 13.964, de 24 de dezembro de 2019. **Diário Oficial da União**, Brasília, DF, 24 dez. 2019. Disponível em: <http://www.planalto.gov.br/ccivil_03/_ato2019-2022/2019/lei/L13964.htm>. Acesso em: 11 jun. 2021.

BRASIL. Lei Complementar n. 135, de 4 de junho de 2010. **Diário Oficial da União**, Brasília, DF, 7 jun. 2010. Disponível em: <http://www.planalto.gov.br/ccivil_03/leis/lcp/Lcp135.htm>. Acesso em: 11 jun. 2021.

BURN, R. **The History of the Poor Laws**: with Observations. Londres: A. Millar, 1764.

CAPEZ, F. **Curso de direito penal**: parte geral. 14. ed. São Paulo: Saraiva, 2010. v. 1.

CARCANHOLO, M. D. Crise econômica atual e seus impactos para a organização da classe trabalhadora. **Revista Aurora**, v. 4, n. 6, p. 1-10, ago. 2010.

CARVALHO, S. de. **Anti-manual de criminologia**. 5. ed. São Paulo: Saraiva, 2013.

CARVALHO, S. de. **Pena e garantias**. 3. ed. Rio de Janeiro: Lumen Juris, 2008.

CARVALHO, S. de.; CARVALHO, A. B. de. **Aplicação da pena e garantismo**. 3. ed. Rio de Janeiro: Lumen Juris, 2004.

CASTRO, L. A de. **Criminologia da reação social**. Rio de Janeiro: Forense, 1983.

CHRISTIE, N. **Crime Control as Industry**: Towards Gulags, Western Style. 3. ed. London; New York: Routledge, 2000.

COHEN, S. **Visions of Social Control**: Crime, Punishment, and Classification. Cambridge [Cambridgeshire], Oxford, UK: Polity Press; New York, USA: Blackwell, 1985.

COMFORT, M. L. Developments and Next Steps in Theorizing the Secondary Prisonization of Families. In: HUTTON, M.; MORAN, D. (Orgs.). **The Palgrave Handbook of Prison and the Family**. Cham (Suíça): Palgrave Macmillan, 2019. p. 65-80.

COMFORT, M. L. In the Tube at San Quentin: the "Secondary Prisonization" of Women Visiting Inmates. **Journal of Contemporary Ethnography**, v. 32, n. 1, p. 77-107, fev. 2003.

COMTE, A. Curso de filosofia positiva. **Os pensadores (XXXIII)**. Tradução de José Arthur Gionnotti. São Paulo: Abril Cultural, 1973.

CUSTÓDIO, A. V.; VERONESE, J. R. P. **Trabalho infantil**: a negação do ser criança e adolescente no Brasil. Florianópolis: OAB/SC Editora, 2007.

DE LA TORRE RANGEL, J. A. **Apuntes pana una introducción filosófica al derecho**. México D.F.: Editorial Porrúa, 2007.

D'ELIA FILHO, O. Z. Sistema penal e seletividade punitiva no tráfico de drogas ilícitas. **Discursos Sediciosos: Crime, Direito e Sociedade**, v. 14, p. 181-198, jan.-dez. 2004.

D'ELIA FILHO, O. Z. **Indignos de vida**: a forma jurídica da política de extermínio de inimigos na cidade do Rio de Janeiro. Rio de Janeiro: Revan, 2015.

DEMO, P. **Metodologia científica em ciências sociais**. 3. ed. São Paulo: Atlas, 1995.

DIAS, R. F. **Pensamento criminológico na Primeira República**: o Brasil em defesa da sociedade. 441 f. Tese (Doutorado em Direito) – Universidade Federal do Paraná, Curitiba, 2015. Disponível em: <https://acervodigital.ufpr.br/handle/1884/40475>. Acesso em: 11 jun. 2021.

DIETER, M. S. **Política criminal atuarial**: A criminologia do fim da história. 309 f. Tese (Doutorado em Direito) – Universidade Federal do Paraná, Curitiba, 2012. Disponível em: <http://dspace.c3sl.ufpr.br:8080/dspace/handle/1884/28416>. Acesso em: 11 jun. 2021.

DUSSEL, E. D. **Filosofia da libertação**. São Paulo: Edições Loyola; Unimep, 1980.

DUTRA, Y. F. **"Como se estivesse morrendo"**: a prisão e a revista íntima em familiares de reclusos em Florianópolis. 193 f. Dissertação (Mestrado em Direito) – Universidade Federal de Santa Catarina, Florianópolis, 2008. Disponível em: <https://repositorio.ufsc.br/xmlui/handle/123456789/91282>. Acesso em: 11 jun. 2021.

FEELEY, M. M.; SIMON, J. The New Penology: Notes on the Emerging Strategy of Corrections and its Implications. **Age, Differential Expectations, and Crime Desistance**. v. 30, n. 4, p. 449, jan. 1992.

FERNANDES, M. da P. **Sobrevivi... posso contar**. 2. ed. Fortaleza: Armazém da Cultura, 2012.

FERRAJOLI, L. **Direito e razão**: teoria do garantismo penal. São Paulo: Revista dos Tribunais, 2002.

FERRAJOLI, L. El derecho penal mínimo. In: BUSTOS RAMÍREZ, J. (Org.). **Prevención y teoría de la pena**. Santiago de Chile: Editorial ConoSur, 1995. p. 25-48.

FERRI, E. **Sociología criminal**. 2. ed. Madrid: Centro Editorial de Góngora, 1907. v. 1.

FONSECA, R. M. **Modernidade e contrato de trabalho**: do sujeito de direito à sujeição jurídica. São Paulo: LTr, 2002.

FONSECA, R. M. O poder entre o direito e a "norma": Foucault e Deleuze na teoria do Estado. In: FONSECA, R. M. (Org.). **Repensando a teoria do Estado**. Belo Horizonte: Fórum, 2004. p. 259-281.

FOUCAULT, M. **Microfísica do poder**. Tradução de Roberto Machado. 13. ed. Rio de Janeiro: Edições Graal, 1998.

FOUCAULT, M. **Vigiar e punir**: a história da violência nas prisões. 27. ed. Petrópolis: Vozes, 2003.

FRANK, A. G.; GILLS, B. K. (Org.). **The World-System**: Five Hundred or Five Thousand. Londres: Routledge, 1993.

FRANKLIN, B. Necessary Hints to Those That Would be Rich. In: BIGELOW, J. (Ed.). **The Works of Benjamin Franklin**. New York: The Knickerbocker Press, 1904. v. 2. p. 26-27.

FREIRE, P. **Pedagogia da autonomia**: saberes necessários à prática educativa. 33. ed. São Paulo: Paz e Terra, 1996.

FREITAS JR., R. de A. **Prisões e quebradas**: o campo em evidência. 100 f. Dissertação (Mestrado em Direito) – Universidade Federal do Paraná, Curitiba, 2017. Disponível em: <www.acervodigital.ufpr.br/handle/1884/47783>. Acesso em: 11 jun. 2021.

GAROFALO, R. **Criminologia**: estudo sobre o delito e a repressão penal. 4. ed. Lisboa: Livraria Clássica, 1925.

GLAZE, L. E.; KAEBLE, D. Correctional Populations in the United States, 2013. **Bureau of Justice Statistics**, United States: U. S. Departament of Justice, dec. 2014. Disponível em: <http://www.bjs.gov/content/pub/pdf/cpus13.pdf>. Acesso em: 11 jun. 2021.

GÓES, L. **A "tradução" do paradigma etiológico de criminologia no Brasil**: um diálogo entre Cesare Lombroso e Nina Rodrigues da perspectiva centro-margem. 242 f. Dissertação (Mestrado em Direito) – Universidade Federal de Santa Catarina, Florianópolis, 2015. Disponível em: <https://repositorio.ufsc.br/xmlui/handle/123456789/134794>. Acesso em: 11 jun. 2021.

GOFFMAN, E. **Asylums**: Essays on the Social Situation of Mental Patients and Other Inmates. Garden City: Anchor Books, 1961.

GOFFMAN, E. **Stigma**: Notes on the Management of Spoiled Identity. New York: Simon & Schuster, 1986.

GOULDNER, A. W. The Sociologist as Partisan: Sociology and the Welfare State. **The American Sociologist**, p. 103-116, 1968.

GRECO, R. **Curso de direito penal**: parte geral. 31. ed. Rio de Janeiro: Impetus, 2009. v. 1.

HILLYARD, P.; TOMBS, S. From 'Crime' to Social Harm? **Crime, Law and Social Change**, v. 48, n. 1-2, p. 9-25, nov. 2007.

HOBBES, T. **The English Works of Thomas Hobbes of Malmesbury**. Now First Collected and Edited by Sir William Molesworth, Bart. London: Bohn, 1839. v. 3.

HULSMAN, L. H. C. El enfoque abolicionista: políticas criminales alternativas. **Criminología Crítica y Control Social: El Poder Punitivo Del Estado**, Rosario (Argentina): Editorial Juris, v. 1, p. 75-104, 1993.

HULSMAN, L. H. C. Temas e conceitos numa abordagem abolicionista da justiça criminal. In.: PASSETTI, E.; SILVA, R. B. D. da. (Orgs.). **Conversações abolicionistas**: uma crítica do sistema penal e da sociedade punitiva. São Paulo: IBCCrim, 1997.

HULSMAN, L. H. C.; CELIS, J. B. De. **Penas perdidas**: o sistema penal em questão. Tradução de Maria Lúcia Karam. Niterói: Luam, 1993.

JAKOBS, G. **Strafrecht, Allgemeiner Teil**: Die Grundlagen und die Zurechnungslehre. Lehrbuch. Berlim: de Gruyter Recht, 1991.

JESUS, D. E. de. **Direito penal**: parte geral. 31. ed. São Paulo: Saraiva, 2010. v. 1.

KARAM, M. L. A esquerda punitiva. **Discursos Sediciosos: Crime, Direito e Sociedade**, v. 1, n. 1, p. 79-92, 1996.

KIMBLE, J. J.; OLSON, L. C. Visual Rhetoric Representing Rosie the Riveter: Myth and Misconception in J. Howard Miller's "We Can Do It!" Poster. **Rhetoric and Public Affairs**, v. 9, n. 4, p. 533-569, dez. 2006.

KITSUSE, J. I. Societal Reaction to Deviant Behavior: Problems of Theory and Method. **Social Problems**, v. 9, n. 3, p. 247-256, jan. 1962.

KUNZ, K. **Kriminologie**: Eine Grundlage. 2. ed. Bern: Haupt, 1998.

LEMERT, E. M. **Human Deviance, Social Problems, and Social Control**. Englewood Cliffs: Prentice-Hall, 1967. (Prentice-Hall Sociology Series).

LEMERT, E. M. **Social Pathology**: a Systematic Approach to the Theory of Sociopathic Behavior. New York: McGraw-Hill, 1951.

LOCKE, J. Two Treatises of Government. **The Works of John Locke**: a New Edition, Corrected, Londres: Thomas Davison, Whitefriars, v. 5, p. 205-485, 1823.

LOMBROSO, C. **O homem delinquente**. Tradução de Sebastião José Roque. São Paulo: Ícone, 2007.

LÖWY, M. **Ideologias e ciência social**: elementos para uma análise marxista. 16. ed. São Paulo: Cortez, 2003.

MACHADO DE ASSIS, J. M. O alienista. **Papeis avulsos**, Rio de Janeiro: W. M. Jackson Inc., p. 7-100, 1938.

MCMAHON, M. 'Net-Widening': Vagaries in the Use of a Concept. **British Journal of Criminology**, v. 30, n. 2, p. 121-149, 1990.

MELOSSI, D.; PAVARINI, M. **Cárcere e fábrica**: as origens do sistema penitenciário (séculos XVI-XIX). Rio de Janeiro: Revan; Instituto Carioca de Criminologia, 2006. v. 11 (Coleção Pensamento Criminológico).

MERTON, R. K. **Social Theory and Social Structure**. Nova Iorque: Free Press, 1968.

MONTESQUIEU, C. de S. **O espírito das Leis**. Tradução de Cristina Murachco. São Paulo: M. Fontes, 1996.

MOTTA, F. H. R. da. **O paradoxo penal**: denúncia de uma prática de dominação. 186 f. Dissertação (Graduação em Direito) – Universidade Federal do Paraná, Curitiba, 2007. Disponível em: < https://acervodigital.ufpr.br/bitstream/handle/1884/30824/M%20864.pdf?sequence=1>. Acesso em: 11 jun. 2021.

MOTTA, F. H. R. da. **Para um modelo penal não moderno**: elementos de uma teoria latinoamericana do conflito social. 323 f. Dissertação (Mestrado em Direito) – Universidade Federal de Santa Catarina, Florianópolis, 2010. Disponível em: <http://repositorio.ufsc.br/xmlui/handle/123456789/93775>. Acesso em: 11 jun. 2021.

MOTTA, F. H. R. da. **Quando o crime compensa**: relações entre o sistema de justiça criminal e o processo de acumulação do capital na economia dependente brasileira. 279 f. Tese (Pós-Graduação em Direito) – Universidade Federal do Paraná, Curitiba, 2015a. Disponível em: <http://acervodigital.ufpr.br/handle/1884/40643>. Acesso em: 11 jun. 2021.

MOTTA, F. H. R. da. Transformações da política criminal em tempos de hiperencarceramento: o modelo atuarial. **Sociedade em Debate**, v. 21, n. 2, p. 100-139, 2015b.

MUNGIN, D. **There's a Skid Row Everywhere, and This is Just the Headquarters**: Impacts of Urban Revitalization Policies in the Homeless Community of Skid Row. 2016. Dissertation (Doctor of Philosophy) – Louisiana State University, Louisiana, 2016. Disponível em: <https://digitalcommons.lsu.edu/cgi/viewcontent.cgi?article=2692&context=gradschool_dissertations>. Acesso em: 11 jun. 2021.

MUNHOZ, L. A criminologia de Clóvis Bevilaqua. **Revista da Faculdade de Direito UFPR**, v. 8, n. 0, p. 7-21, 1960. Disponível em: <https://revistas.ufpr.br/direito/article/view/6674>. Acesso em: 11 jun. 2021.

NINA RODRIGUES, R. **As raças humanas**: e a responsabilidade penal no Brasil. Salvador: Livraria Progresso, 1957. (Coleção Forum).

NINA RODRIGUES, R. **Os africanos no Brasil**. 8. ed. Brasília: Ed. da UnB, 2004.

OLMO, R. D. **América Latina y su criminología**. México D.F.: Siglo Veintiuno, 1981.

PALLAMOLLA, R. da P. **Justiça restaurativa**: da teoria à prática. São Paulo: IBCCRIM, 2009.

PEIXOTO, A. **Criminologia**. 4. ed. São Paulo: Saraiva, 1953.

PIJOAN, E. L. **La herencia de la criminología crítica**. Madrid: Siglo Veintiuno de España Editores, 1991. (Criminología y Derecho).

PRADO, L. R. **Curso de direito penal brasileiro**. 15. ed. São Paulo: Revista dos Tribunais, 2017. v. 1.

RADBRUCH, G. **Rechtsphilosophie**. 2. ed. Heidelber: C. F. Müller Verlag, 2003.

RADCLIFFE-BROWN, A. R. On the Concept of Function in Social Science. **American Anthropologist, New Series**, v. 37, n. 3, p. 394-402, jul./set. 1935.

RIBEIRO, L. **Criminologia**. Rio de Janeiro: Freitas Bastos, 1957. v. 1.

ROUSSEAU, Jean-Jacques. **O contrato social**: princípios do direito político. Tradução de Antonio de Pádua Danesi. 3. ed. São Paulo: M. Fontes, 1996.

ROXIN, C. **Strafrecht**: allgemeiner Teil. 4. ed. Munique: Verlag C. H. Beck, 2006. v. 1.

RUSCHE, G.; KIRCHHEIMER, O. **Punishment and Social Structure**: with a New Introduction by Dario Melossi. New Brunswick: Transaction Publishers, 2005.

SACK, F. Neue Perspektiven in der Kriminologie. In.: KÖNIG, R.; SACK, F. (Orgs.). **Kriminalsoziologie**. Frankfurt a.M.: Akad. Verl.-Anst., 1974. p. 431-501.

SANTOS, B. de S. **A crítica da razão indolente**: contra o desperdício da experiência. 4. ed. São Paulo: Cortez, 2002.

SANTOS, B. de S. **A gramática do tempo**: para uma nova cultura política. São Paulo: Cortez, 2006.

SANTOS, J. C. dos. **A criminologia radical**. 3. ed. Curitiba: ICPC; Lumen Juris, 2008.

SANTOS, J. C. dos. **Direito penal**: parte geral. Curitiba: ICPC; Lumen Juris, 2006.

SCAPINI, M. A. Acesso à justiça: raça e gênero. In.: DORA, D. D. (Org.). **Feminino masculino**: igualdade e diferença na justiça. Porto Alegre: Sulina, 1997.

SCHEERER, S. Warum Sollte Das Strafrecht Funktionen Haben? Gespräch Mit Louk Hulsman Über Den Entkriminalisierungsbericht Des Europarats. **Kriminologisches Journal**, v. 15, n. 1, p. 61-74, 1983.

SCHWARCZ, L. M. **O espetáculo das raças**: cientistas, instituições e questão racial no Brasil – 1870-1930. São Paulo: Companhia das Letras, 1993.

SIEYÈS, E. J. **A constituinte burguesa**: "Qu'est-Ce Que Le Tiers État?" 4. ed. Rio de Janeiro: Lumen Juris, 2001.

SMAUS, G. **Das Strafrecht Und Die Gesellschaftliche Differenzierung**. Baden-Baden: Nomos Verlagsgesellschaft, 1998.

STRECK, L. L. **Hermenêutica jurídica e(m) crise**: uma exploração hermenêutica da construção do direito. 6. ed. Porto Alegre: Livraria do Advogado, 2005.

STRECK, L. L. **Tribunal do Júri**: símbolos e rituais. 4. ed. Porto Alegre: Livraria do Advogado, 2001.

SUTHERLAND, E. H. **White Collar Crime**: the Uncut Version with an Introduction by Gilbert Geis and Colin Goff. New Haven: Yale University Press, 1983.

TRAGTENBERG, M. **Burocracia e ideologia**. São Paulo: Ática, 1974.

VENANCIO FILHO, A. **Das arcadas ao bacharelismo**: 150 anos de ensino jurídico no Brasil. 2. ed. São Paulo: Perspectiva, 2004.

VERRI, P. **Observações sobre a tortura**. Tradução de Federico Carotti. 2. ed. São Paulo: M. Fontes, 2000.

VIVEIROS DE CASTRO, F. J. de. **A nova escola penal**. 2. ed. Rio de Janeiro: Jacintho Ribeiro dos Santos – Editor, 1913.

WACQUANT, L. A ascensão do Estado penal nos EUA. **Discursos Sediciosos: Crime, Direito e Sociedade**, v. 11, p. 15-41, 2002.

WACQUANT, L. **Prisons of Poverty**. Minneapolis: University of Minnesota Press, 2009. v. 23. (Contradictions).

WALLERSTEIN, I. M. **The Modern World-System I**: Capitalist Agriculture and the Origins of the European World-Economy in the Sixteenth Century. Berkeley: University of California Press, 2011.

WEBER, M. **Die Protestantische Ethik Und Der "Geist" Des Kapitalismus**. Wiesbaden: Springer Fachmedien Wiesbaden, 2016.

ZAFFARONI, E. R. **En busca de las penas perdidas**: deslegitimación y dogmática jurídico-penal. Buenos Aires: Ediar, 1998.

Sobre o autor

Felipe Motta é graduado em Direito pela Universidade Federal do Paraná (UFPR), mestre em Direito, Estado e Sociedade pelo Programa de Pós-Graduação em Direito da Universidade Federal de Santa Catarina (PPGD/UFSC) e doutor em Direito do Estado pelo Programa de Pós-Graduação em Direito da Universidade Federal do Paraná (PPGD/UFPR). Ao longo do ano de 2014, fez estágio doutoral na Universidade de Hamburgo (Universität Hamburg) na Alemanha, como parte do programa doutorado da Capes. Atualmente, é professor da Graduação em Direito do Centro Universitário Internacional Uninter em Curitiba/PR, onde exerce atividades de ensino e pesquisa. Seus interesses de pesquisa estão ligados aos estudos criminológicos em torno do sistema de justiça criminal, com especial destaque para as relações entre economia e política criminal. Tem concentrado esforços para entender mecanismos de agravamento das relações de dependência econômica na América Latina como consequência da política criminal de drogas.

Os papéis utilizados neste livro, certificados por instituições ambientais competentes, são recicláveis, provenientes de fontes renováveis e, portanto, um meio **respons**ável e natural de informação e conhecimento.

FSC
www.fsc.org
MISTO
Papel produzido a partir de fontes responsáveis
FSC® C103535

Impressão: Reproset
Dezembro/2021